音読で英文法をモノにする本

岩村圭南 著

日常英会話に
ゼッタイ必要な
英文法40項目

1日20分のなりきり音読で
英文法が体にしみこむ

アルク

今、
本書を手に取り、
読み進めようとしている…
あなたへ

本書『音読で英文法をモノにする本』は、音読を通じて
３つの目標が達成できるように全体が構成されている。

•

1 音読効果を体感

実際の場面でも使えるまとまった英文を繰り返し声に出して読めば、
４つの音読効果（本書７ページ参照）が体感できる。

2 文法の基礎固め

音読しながら英語を話すための
使える文法（40項目）の基礎固めができる。

3 実践的会話力を体得

バーチャル・エクササイズ（ロールプレイ）により、
話すだけではなく、より実践的な会話力が体得できる。

•

•

途中で投げ出さずに、本書を使って音読を継続すれば、
満足のいく結果が得られるだろう。

岩村 圭南

CONTENTS

練習を始める前に

3つのWhy

Why 1 ● 今なぜ音読か

繰り返し読めば、英語を話す基礎力が養える

目的に合った練習をする。「聞く力を鍛えるには、聞く練習を」、「読む力を鍛えるには、読む練習を」、「書く力を鍛えるには……」。しかし、「話す」となると、「どう練習したらいいのかわからない」と悩んでしまう人がかなりいる。それは、多くの場合、「英語を話す練習をするには、相手が必要だ」という考えに起因しているように思える。

話し相手がいなければ、話す練習はできないのだろうか。**「話す」には「(口を動かし)声を出す」**。これが基本。ならば、自分を話し相手にして、1人でも練習できるはずである。**その練習の基本となるのが音読**。声を出して繰り返し英文を読めば、英語を話すための基礎力は十分に養える。「音読なら自分もやっている」と言われるかもしれない。しかし、ここで言う**「音読」には、「継続する」、「習慣化する」という条件**がついている。思い出したように音読するのでは、とうてい効果は望めない。

では、音読を継続すればどのような効果がもたらされるのか。以下に、その主たるポイントを挙げてみよう。

(1) 英語を口にするのが苦でなくなる。
(2) 英語が自然に口をついて出てくるようになる。
(3) 英語を話すための口の筋肉が鍛えられる。
(4) 英語のセンスが磨かれる。

英語を学び始めた頃を思い出してほしい。誰もが教科書の英文を声に出して読んでいたのではないか。ごく当たり前の初歩的練習法だと思っていたその音読が、実は、継続すれば、思ってもみない成果を生み出すのである。皆さんは、本書を通じて、その**音読効果を実際に体験できる**のである。

Why 2 ● 今なぜ音読＋文法か

文法項目を含む英文を音読して、使える英文法を身につける

文法のルールを理解しながら、説明の中で使われている英文を覚える。しかし、実際の場面では、学習したルールを基にして英文が組み立てられない。暗記した英文が思ったように出てこない。このような経験は誰にでもあるだろう。少し考えてみれば、それは当然といえば当然の結果である。なぜなら、実際に話しているつもりで口に出して言ってみる練習をしていない。また、文脈の中で、使う練習をしていないからである。**文法が理解できたからといって、使える保証は何もない。**英文を丸暗記した場合も同様である。では、使える英文法を身につけるにはどうすればいいか。ここで登場するのが音読である。

話すための英文法を身につけたいと思うなら、その目的に合った練習をする必要がある。そこで本書では、**「音読を通して英文法の基礎を学ぶ」**という考え方に立って、練習の流れを作り出している。ポイントとなる文法項目を含む英文を音読した上で、実際の場面でも使える英文法の基礎が身につくように練習が工夫されている。

英文を音読するといっても、一つ一つばらばらの文を使って練習するのでは、あまり実践的とはいえない。できれば**まとまりのある英文を音読すべきである。**本書では、その点を考慮し、日常生活で出くわす場面の中でまとまりのある発話（モノローグ）をする、という設定で、基本的に５つの英文を１つの練習単位としている。もちろん、その中には、**ポイントとなる文法項目が含まれている。**具体的場面を頭の中に思い浮かべながら、**英文を実際に発話しているつもりで繰り返し音読する。**その後に、基本的な文法説明を読むことで、より実践的な英文法の習得を目指しているのである。また、この練習を通じて、多くの英語学習者が抱えている**「まとまりのある内容が言えない」という悩みを克服**できるようになるはずである。

Why 3 ● 今なぜバーチャル・エクササイズか

より現実に近い形で会話の擬似体験をする

「話す力」を「会話する力」へと発展させるには、より現実に近い形で会話の擬似体験をするのが効果的である。そこで本書では、この「**擬似体験**」ができるように、ロールプレイ（役割練習）をバーチャル・エクササイズ（擬似体験練習）として取り入れている。

ロールプレイでは、文法の基礎を身につけるための**音読用英文（モノローグ）を使って、会話（ダイアログ）ができる**ように練習が工夫されている。つまり、5つの英文がしっかり身についていれば、音声（ダウンロードの仕方は本書13ページ参照）を聞きながら流れにしたがって英文を順に言うことで、話が展開できるように会話文が作成されている。この練習を通じ、**実際の場面での言葉のやりとりを擬似体験する**ばかりでなく、**ポイントとなる文法の再確認**ができるのである。

具体例を挙げておこう。ここでは英文を3つにしてある。

まず、次の英文（モノローグ）を音読。文法のポイントは《自動詞feel、soundなど》。

My throat **feels** sore.
And my voice **sounds** funny.
I guess I have a cold.

続けて、会話（ダイアログ）の練習をする。

A: **My throat feels sore.**
B: That's not good.
A: **And my voice sounds funny.**
B: It sure does.
A: **I guess I have a cold.**

音読した英文が会話の中に組み込まれている。これが**本書の特徴の一つ**でもある**バーチャル・エクササイズ**である（詳細は30〜33ページ参照）。

各ユニットの構成と効果的練習法

本書では英語を話すために最低限必要な英文法基礎項目40を厳選した。
各項目で5つのステップを順にこなせば、
英会話の基礎力・実践的英文法の基礎が身につくように構成されている。

UNIT 33 「カンマ＋which」と「前置詞＋which」の使い方の基本

Step 1 ● ウォームアップ　今ある実力をチェック

イラストと場面説明から状況をイメージ。
▶ヒントを参考にして「　」内の日本語を英語で言ってみる。

モノローグの場面　父親に娘がスマートフォンの基本操作を説明する。

●
「これが音量ボタンで、えーと、うーん、音を大きくしたり、小さくしたり」
●
「このアイコンをタップしてみて。どうなるか」
●
「それでプログラムが起動して、メールがチェックできるの」

ヒント！
These are the volume buttons, which are ... uhで言い始める。「どうなるか」はsee what happensで表現。3番目の文ではIt starts the program with which ...を使ってみる。

142 ● UNIT 33

Step 1 ● ウォームアップ

目的 基礎力チェック

練習法

①簡単な説明とイラストを参考にしながら場面をイメージ。
②その場面で使われる言葉（日本語を掲載）をページ下のヒントを参考にして、完璧でなくてもいいから英語で言ってみる。

Step 2 ● レッツ・プラクティス　モノローグ

まず、音声を聞いて、whichがどのように使われているのかを確認する。
次に、英文の意味を理解した上で、アドバイスを参考に音読してみよう。　DL65

Are you having trouble with your new phone?	新しい電話（スマホ）、問題ない？
Push this button to start it up.	このボタンを押すとスイッチが入って。
These are the volume buttons, **which** are ... uh, for making the sound louder or softer.	これが音量ボタンで、えーと、うーん、音を大きくしたり、小さくしたり。
Tap on this icon and see what happens.	このアイコンをタップしてみて。どうなるか。
It starts the program **with which** you can check your e-mail.	それでプログラムが起動して、メールがチェックできるの。

音読アドバイス
❶**Are you having ...**は父親に優しく話しかけるつもりで。❷**button**は「ボタン」ではなく「バタン」、**start it up**は「スターティッアップ」と発音。❸**These**の[ð]と**volume**の[v]に注意。**which are ...**の後に適当な言葉を探しているつもりで「アー」と言ってみる。**louder**でイントネーションを上げ、**softer**で下げる。❹**Tap**の[æ]に注意し、**and see**は「アンスィー」という感じで。❺**It starts ...**は**with which**を軽く発音し流れるように説明を続ける。

have trouble with ...「...で苦労する（問題を抱える）」。... be for ~ing は「...は~するためのもの」という意味。

UNIT 33 ● 143

Step 2 ● レッツ・プラクティス

目的 音読による英文チェック＋スピーキング基礎練習

練習法

①Step 1の解答を含むモノローグを聞く。英文を確認し、日本語訳を参考に、全体の流れを把握する。
②英文を繰り返し音読。役になりきって普段話す声の大きさで言ってみる。
③音声のネイティブの声に同時に（かぶせるように）音読（＝オーバーラッピング練習法）してみる。ネイティブと自分の読みの違いがわかり、理屈だけでは身につかない、話し方のリズムや感情表現の仕方などが効果的に体得できる。

音読アドバイス：英語らしく話すための「英語の強弱リズム（どの語にストレスを置くか）」と「イントネーション（声の抑揚）」を中心にアドバイス。注意すべき発音（[æ] [əːr] [f] [v] [θ] [ð] [l] [r] など）についてもコメント。

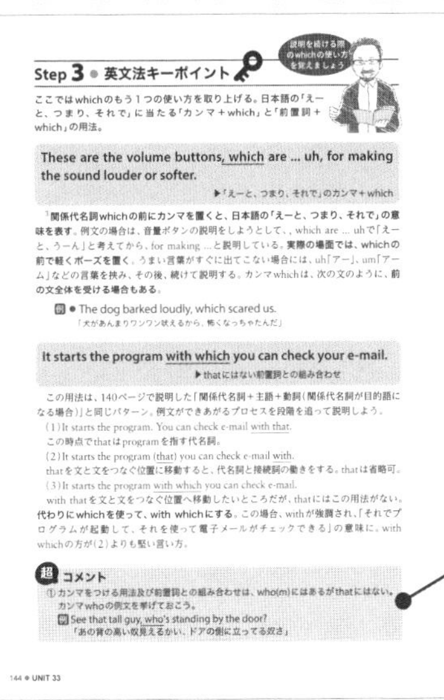

Step 3 ● 英文法キーポイント

ここではwhichのもう1つの使い方を取り上げる。日本語の「えーと、つまり、それで」に当たる「カンマ＋which」と「前置詞＋which」の用法。

These are the volume buttons, which are ... uh, for making the sound louder or softer.

▶「えーと、つまり、それで」のカンマ＋which

[1]関係代名詞whichの前にカンマを置くと、日本語の「えーと、つまり、それで」の意味を表す。例文の場合は、音量ボタンの説明をしようとして、, which are ... uhで「えーと、うーん」と考えてから、for making ...と説明している。実際の場面では、whichの前で軽くポーズを置く。うまい言葉がすぐに出てこない場合には、uh「アー」、um「アーム」などの言葉を挟み、その後、続けて説明する。カンマwhichは、次の文のように、前の文全体を受ける場合もある。

例 ● The dog barked loudly, which scared us.
「犬があんまりワンワン吠えるから、怖くなっちゃたんだ」

It starts the program with which you can check your e-mail.

▶thatにはない前置詞との組み合わせ

この用法は、140ページで説明した「関係代名詞＋主語＋動詞（関係代名詞が目的語になる場合）」と同じパターン。例文ができあがるプロセスを段階を追って説明しよう。

(1) It starts the program. You can check e-mail with that.
この時点でthatはprogramを指す代名詞。
(2) It starts the program (that) you can check e-mail with.
thatを文と文をつなぐ位置に移動すると、代名詞と接続詞の働きをする。thatは省略可。
(3) It starts the program with which you can check e-mail.
with thatを文と文をつなぐ位置へ移動したいところだが、thatにはこの用法がない。代わりにwhichを使って、with whichにする。この場合、withが強調され、「それでプログラムが起動して、それを使って電子メールがチェックできる」の意味に。with whichの方が(2)よりも堅い言い方。

超 コメント
① カンマをつける用法及び前置詞との組み合わせは、who(m)にはあるがthatにはない。カンマwhoの例文を挙げておこう。
例 See that tall guy, who's standing by the door?
「あの背の高い奴見えるかい、ドアの側に立ってる奴さ」

144 ● UNIT 33

Step 3 ● 英文法キーポイント

目的 使える英文法の基礎理解

練習法

音読の後、英文を思い浮かべながらポイントとなる文法説明を読む。文法の基本的「働きと意味」、「使い方」（実際に使う際の注意点）を把握しよう。なお、ここでは日常会話で必要となる基本的用法にポイントを絞って解説している。

超コメント：その他の知っておくべき補足的事柄。「なるほど！」と目からウロコの情報がたくさん見つかるだろう。

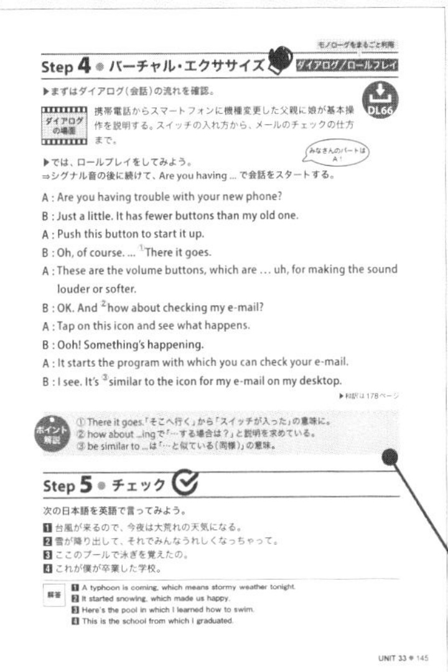

モノローグをまるごと利用

Step 4 ● バーチャル・エクササイズ　ダイアログ／ロールプレイ

▶まずはダイアログ（会話）の流れを確認。

ダイアログの場面　携帯電話からスマートフォンに機種変更した父親に娘が基本操作を説明する。スイッチの入れ方から、メールのチェックの仕方まで。

DL66

▶では、ロールプレイをしてみよう。
⇒シグナル音の後に続けて、Are you having ... で会話をスタートする。

A : Are you having trouble with your new phone?
B : Just a little. It has fewer buttons than my old one.
A : Push this button to start it up.
B : Oh, of course. ... ①There it goes.
A : These are the volume buttons, which are … uh, for making the sound louder or softer.
B : OK. And ②how about checking my e-mail?
A : Tap on this icon and see what happens.
B : Ooh! Something's happening.
A : It starts the program with which you can check your e-mail.
B : I see. It's ③similar to the icon for my e-mail on my desktop.

▶和訳は178ページ

ポイント解説
① There it goes.「そこへ行く」から「スイッチが入った」の意味に。
② how about ...ingで「…する場合は？」と説明を求めている。
③ be similar to ...は「…と似ている（同様）」の意味。

Step 5 ● チェック

次の日本語を英語で言ってみよう。
1 台風が来るので、今夜は大荒れの天気になる。
2 雪が降り出して、それでみんなうれしくなっちゃって。
3 ここのプールで泳ぎを覚えたの。
4 これが僕が卒業した学校。

解答
1 A typhoon is coming, which means stormy weather tonight.
2 It started snowing, which made us happy.
3 Here's the pool in which I learned how to swim.
4 This is the school from which I graduated.

UNIT 33 ● 145

Step 4 ● バーチャル・エクササイズ

目的 会話疑似体験練習

練習法

①説明文を読んで、Step 2の英文を思い出しながら会話の場面をイメージ。
②Step 2の英文をまるごと織り込んだダイアログを見て内容確認。
③音声を聞いて会話の流れを把握。
④ロールプレイ用の音声を使って会話文を見ながら練習。
⑤何も見ずに、ロールプレイする。うまく言えるまで何度でも挑戦しよう。
※②からいきなり⑤に挑戦し、その後③④に戻って練習してもいい。

ポイント解説：相手方の英文中のポイントとなる表現を簡潔に説明している。

Step 5 ● チェック

目的 理解度チェック（復習）

練習法 学習内容を思い出しながら、4つの日本語を英語で言ってみよう。英語が自然に口をついて出てくるようになれば、会話に必須の基礎文法が身についたと言える。

いかに練習を継続するか

3つのアドバイス

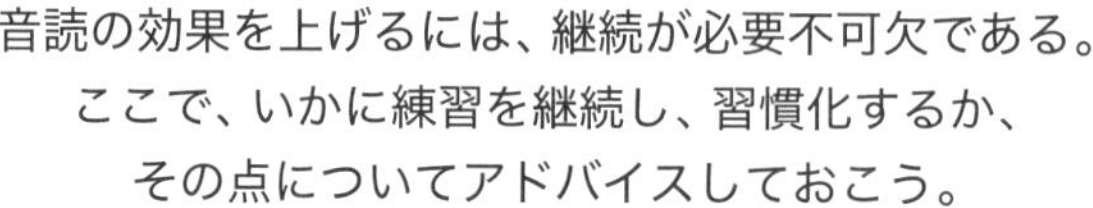

音読の効果を上げるには、継続が必要不可欠である。
ここで、いかに練習を継続し、習慣化するか、
その点についてアドバイスしておこう。

アドバイス1

短時間で集中練習

だらだら長時間にわたって練習をしても思ったように効果は上がらない。その結果、練習を続けるのが苦になり、やめてしまいかねない。それを避けるために、短時間でも集中して練習するといいだろう。

アドバイス2

分散型練習が長続きの秘訣

「1日～時間練習しよう」と意気込み過ぎると計画倒れになってしまう。短時間の集中練習を1日の空いている時間を使って何度か繰り返すようにする。これが長続きする秘訣である。

アドバイス3

復習を兼ねてイメージトレーニング

音読ばかりではなく、イメージトレーニングも、ぜひ、実行するように心がけてほしい。復習のつもりで、本書で取り上げたさまざまな場面をイメージしながら、その中で使われている英語を思い浮かべるようにする。これならいつでもどこでも、気楽に練習できるはずである。

――ユニット1から40は、どのユニットから始めてもかまわない。
前置きはこれくらいにして、早速、練習をスタートしよう。

音声の活用法アドバイス

本書の練習用英文の音声は、
規定の方法でダウンロードして入手することができます
（方法については、下記の「音声のダウンロードについて」をご参照ください）。

音声は、40個あるUNITの
Step 2「レッツ・プラクティス」およびStep 4「バーチャル・エクササイズ」
に対応しています。収録されている内容は以下のとおりです。

■ Step 2：文法項目を含むモノローグの英文
■ Step 4：（1）Step 2の英文を含むダイアログ
（2）（1）のダイアログで、役割練習（ロールプレイ）ができるように、文法項目を含む英文がポーズ（空白）になっているもの

➡練習方法は、10〜11ページの「各ユニットの構成と効果的練習法」を参照してください。
➡本書では、収録音声について、トラック1であれば 01 のように表示しています。

音声のダウンロードについて

本書の音声はすべて、アルクの「ダウンロードセンター」またはスマートフォン・アプリ「ALCO」よりダウンロードしていただけます（どちらも無料です）。

◇アルク「ダウンロードセンター」

https://www.alc.co.jp.dl/

◇スマホで音声の再生ができるアプリ「ALCO」

https://www.alc.co.jp.alco/

上記URLでインストール後、「ALCO」内で「アルクダウンロードセンター」にアクセスしダウンロードしてください。

ダウンロードセンターおよびALCOの内容は、予告なく変更する場合がございます。あらかじめご了承ください。

UNIT 1 視点の違いで理解する go、come、take、bring

Step 1 ● ウォームアップ　今ある実力をチェック

イラストと場面説明から状況をイメージ。
▶ヒントを参考にして「　」内の日本語を英語で言ってみる。

モノローグの場面　あわただしい一日の始まり。お弁当を作り、朝食の準備をして子供に声をかける。

●
「下りてらっしゃい」

●
「もうそろそろ行く時間よ」

●
「お弁当、持って行ってね」

●
「忘れずに持って帰って来るのよ」

「下に（階下に）」は downstairs、「もうそろそろ…する時間」は It's almost time ... を使う。「お弁当（箱）」は lunchbox でいい。

Step 2 ● レッツ・プラクティス

まず、音声を聞いて、動詞がどのように使われているのかを確認する。
次に、英文の意味を理解した上で、アドバイスを参考に音読してみよう。

Come downstairs.	下りてらっしゃい。
Eat your breakfast quickly.	朝食を早く食べなさい。
It's almost time to **go**.	もうそろそろ行く時間よ。
Take your lunchbox.	お弁当、持って行ってね。
Don't forget to **bring** it home.	忘れずに家に持って帰って来るのよ。

❶〜❺は英文の順番を表しています

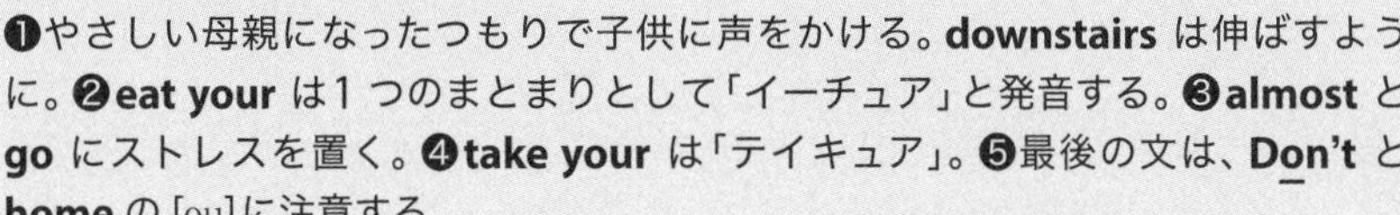

音読アドバイス

❶やさしい母親になったつもりで子供に声をかける。**downstairs** は伸ばすように。❷**eat your** は1つのまとまりとして「イーチュア」と発音する。❸**almost** と **go** にストレスを置く。❹**take your** は「テイキュア」。❺最後の文は、**Don't** と **home** の [ou] に注意する。

注 Don't forget to ...「必ず（忘れずに）…してね」の意。

come は会話の
相手の視点で
使う動詞です

Step 3 ● 英文法キーポイント

comeとgo、takeとbringに共通するのは？
「視点」をキーワードに４つの基本動詞の使い方を説明しよう。

Come downstairs.
It's almost time to go.

▶ come ― 相手の視点・立場

goは「行く」、comeは「来る」。上の例文ではこれで問題ない。しかし、Come downstairs.と言われ、「今行きます」のつもりでI'm going.と答えると、相手は「どこか別の所へ行くのか」と思ってしまう。**comeは「相手（聞き手）の視点・立場」で使う動詞。Come downstairs.への返事は、I'm coming.**「（相手の立場からすると自分の方に）向かって来る」になる。

Take your lunchbox.
Don't forget to bring it home.

▶ bring ― comeと同じ視点

take「持って行く」と①bring「持って来る」の場合も、go、comeと同様である。例えば、Don't forget to bring the wine to the party.「あのワイン、パーティーに必ず持って来てね」と言われ、OK, I'll take it.と答えると、「他の場所に持って行く」という意味にとられる可能性がある。この場面では、誤解を避けるために、bringを使う。come同様、**bringも「相手の視点・立場で使う動詞」**。

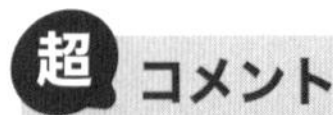

① bringをcomeと同じように訳す場合がある。
例 What brings you here today?「今日はどうしてここに来たの？」

Step 4 ● バーチャル・エクササイズ

ダイアログ／ロールプレイ

▶まずはダイアログ（会話）の流れを確認。

ダイアログの場面 時間になってもなかなか下りてこないので何度か声をかける。ぐずぐずしている子供に、急いで朝食を食べさせ、お弁当を持たせる。

▶では、ロールプレイをしてみよう。

みなさんのパートはA！

⇒シグナル音の後に続けて、Come downstairs. で会話をスタートする。

A : Come downstairs.

B : I'm coming.

A : Eat your breakfast quickly.

B : OK. I'm eating.

A : It's almost time to go.

B : I know.

A : Take your lunchbox.

B : Thanks, Mom.

A : ①Don't forget to bring it home.

B : Don't worry.

▶和訳は174ページ

① Don't forget to ... の代わりにBe sure to ... と言ってもいい。

Step 5 ● チェック

次の日本語を英語で言ってみよう。

1 出かけるんだったら、傘を持って行った方がいいよ。
2 今日は会議に出られないな（出先から電話で）。
3 このファイルを彼のオフィスに持って行ってほしいんだが。
4 パーティーに友達を連れて行ってもいいかな（主催者に対して）？

解答

1 If you go out, you should take an umbrella with you.
2 I don't think I can come to the meeting today.
3 I'd like you to take this file to his office.
4 Can I bring my friends to the party?

UNIT 2 自動詞で表す体の調子・状態

Step 1 ● ウォームアップ　今ある実力をチェック

イラストと場面説明から状況をイメージ。
▶ヒントを参考にして「　」内の日本語を英語で言ってみる。

モノローグの場面　朝、いつも通りに目を覚ますが、どうも体調がよくない。体の節々が痛い。体も熱っぽい。

●

「節々が痛くて」

●

「めまいがする」

●

「汗は出るし、体は熱いし」

ヒント！

「節々」は joints。動詞はそれぞれ「痛む」hurt、「めまいがする」spin、「汗が出る」sweat、「熱がある（体が熱い）」burn up を使う。

Step 2 ● レッツ・プラクティス

モノローグ

まず、音声を聞いて、自動詞がどのように使われているのかを確認する。
次に、英文の意味を理解した上で、アドバイスを参考に音読してみよう。

I feel sick.	気分が悪い。
My joints **hurt.**	節々が痛むんだ。
And my head is **spinning.**	それにめまいがする。
I'm **sweating** ... I'm **burning up.**	汗は出るし、体は熱いし。
Who should I call first, my boss or my doctor?	どっちに先に電話しようか、上司、それとも医者？

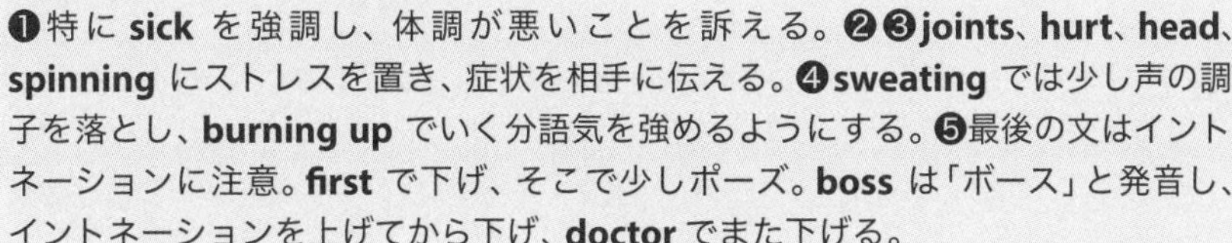

音読アドバイス

❶特に **sick** を強調し、体調が悪いことを訴える。❷❸**joints**、**hurt**、**head**、**spinning** にストレスを置き、症状を相手に伝える。❹**sweating** では少し声の調子を落とし、**burning up** でいく分語気を強めるようにする。❺最後の文はイントネーションに注意。**first** で下げ、そこで少しポーズ。**boss** は「ボース」と発音し、イントネーションを上げてから下げ、**doctor** でまた下げる。

注 my doctor は「かかりつけの医者」。この Who は「どっち」という意味を表す。「どっちが勝ってるの？」は Who's winning?（116ページ参照）

自動詞とは目的語がいらない動詞です

Step 3 ● 英文法キーポイント

英語文型の基本中の基本「主語＋自動詞（SV）」。
ここでは体の調子（状態）を言い表す自動詞の使い方を取り上げる。

①My joints hurt.

▶It（または、体の部分）＋自動詞のパターン

自動詞とは、それだけで使える動詞（目的語不要）。例えば、**「痛い」はIt hurts.**と言う。このhurtが自動詞。ここでhurtの仲間、体の調子を言い表す表現を紹介しよう。

例 It＋自動詞

- It aches.「ズキズキ痛む」
- It itches.「かゆい」
- It tickles.「くすぐったい」
- ②It burns.「ヒリヒリする」
- It tingles.「（足などが）しびれる」

例 具体的な場所＋自動詞

- My nose itches.「鼻がかゆい」
- My head aches.「頭が痛い」
- My lower back hurts a little (a lot).「腰が少し（ひどく）痛む」

I'm sweating.

▶人＋自動詞のパターン

次に、I'm sweating.やI'm burning up.のような**「人＋自動詞」の例**を挙げてみよう。

例 人＋自動詞

- I'm freezing.「寒くて凍えちゃうよ」
- You're peeling.「皮がむけてるね」
- He's trembling.「あいつ震えてる」
- She's coughing.「彼女せきしてる」

超 コメント

① My joints hurt.（現在形）は、その瞬間の「痛み」。My joints are hurting.と進行形にすると、その痛みがまさに今起こっている、という意味になる。spinのように動きを表す動詞の場合は、My head is spinning.と言う。
② burnのもう１つの使い方を紹介しておく。I burn easily.の意味は「日に焼けるとすぐに赤くなって（火傷したように）ヒリヒリする」。

モノローグをまるごと利用

Step 4 ● バーチャル・エクササイズ ダイアログ／ロールプレイ

▶まずはダイアログ（会話）の流れを確認。

ダイアログの場面
朝起きて、体の不調を訴えると、心配した妻が薬を持って来る。さてどうするか。会社へ行くべきか、医者へ行くべきか。

みなさんのパートはA！

▶では、ロールプレイをしてみよう。
⇒シグナル音の後に続けて、I feel sick.で会話をスタートする。

A : I feel sick.

B : What's the problem?

A : My joints hurt.

B : They do?

A : And my head is spinning.

B : ①Your forehead feels hot.

A : I'm sweating ... I'm burning up.

B : I'll ②get you some aspirin.

A : Who should I call first, my boss or my doctor?

B : You call your boss. I'll call the doctor.

▶和訳は174ページ

① Your forehead feels hot. の文字通りの意味は「額が熱い」である。
②「get ＋人＋～」で「（その人に）～を取って来る」の意。

Step 5 ● チェック

次の日本語を英語で言ってみよう。

1 背中がかゆい。
2 右足がビリビリしびれてる。
3 せきしてるね。風邪でも引いたの？
4 なぜそんなに汗かいてるの？

解答
1 My back itches.
2 My right foot is tingling.
3 You're coughing. Do you have a cold?
4 Why are you sweating so much?

UNIT 3

知っておくと便利な matter、do、help、work

Step 1 ● ウォームアップ

今ある実力をチェック

イラストと場面説明から状況をイメージ。
▶ヒントを参考にして「　」内の日本語を英語で言ってみる。

モノローグの場面

ホームセンターで郵送用の箱を買い求める。
色や個数を店員に伝え……

●
「色は何色でもかまいません」

●
「小さい、無地の箱が５つあればいいです」

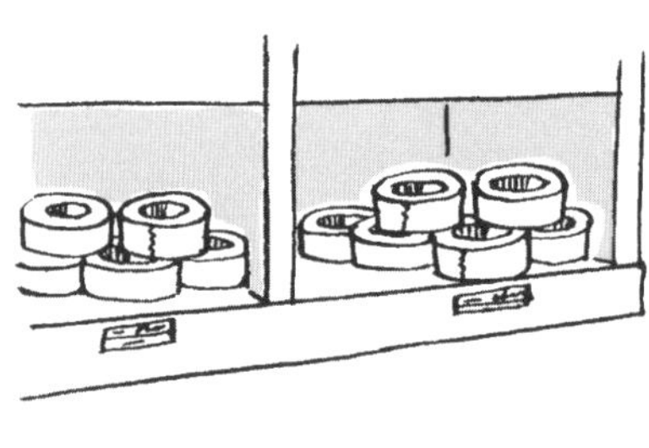

ヒント!

「かまわない、問題ない」はmatter（否定文）で表現。「無地の」はplain、「いいです」はwill doを使う。

Step 2 ● レッツ・プラクティス

モノローグ

まず、音声を聞いて、動詞がどのように使われているのかを確認する。
次に、英文の意味を理解した上で、アドバイスを参考に音読してみよう。

Excuse me.	すみません。
Do you sell mailing boxes?	郵送用の箱ってありますか？
The color doesn't **matter**.	色は何色でもかまいません。
Five small, plain ones will **do**.	小さい、無地の箱が5つあればいいです。
Oh, yes. Packing tape. I think that will **help**.	あっ、そうだ。ガムテープ。あると役に立ちますよね。

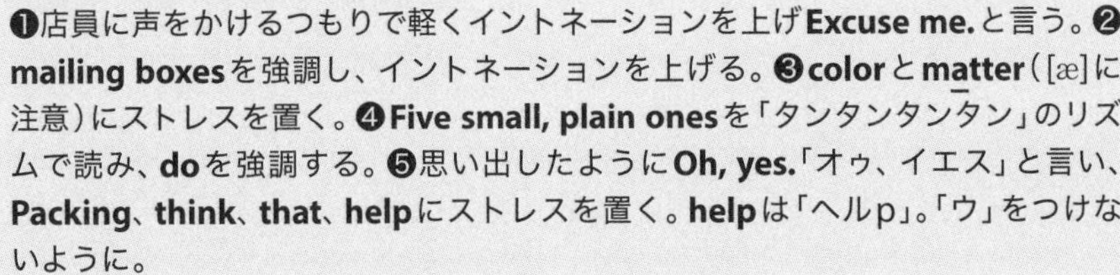

音読アドバイス

❶店員に声をかけるつもりで軽くイントネーションを上げ**Excuse me.**と言う。❷**mailing boxes**を強調し、イントネーションを上げる。❸**color**と**matter**（[æ]に注意）にストレスを置く。❹**Five small, plain ones**を「タンタンタンタン」のリズムで読み、**do**を強調する。❺思い出したように**Oh, yes.**「オゥ、イエス」と言い、**Packing**、**think**、**that**、**help**にストレスを置く。**help**は「ヘルp」。「ウ」をつけないように。

注 sellの代わりにcarryも使える。

会話で役立つ
自動詞の用法を
覚えましょう

Step 3 ● 英文法キーポイント

何の気なしに使っている動詞の中にも、知っておくと便利な用法がある。
ここでは自動詞matter、do、helpに焦点を当てる。

The color doesn't matter.

▶matter —「重要である」

自動詞matterの意味は「重要である、問題になる」。The color doesn't matter.「色は重要ではない」⇨「何色でもかまわない」。**会話ではIt doesn't matter.「そんなのいいじゃない」が頻繁に使われる**。これにwhether ...、where ...などの付け足し方を覚えるとさらに表現の幅が広がる。

例 ● It doesn't matter whether you said it or not.
「君が言ったかどうかは問題じゃない」
● It doesn't matter where you want to go.
「君がどこへ行きたいかはどうでもいい」

Five small, plain ones will do.

▶do —「〜でいい(用を足す)」

doには「〜でいい」という意味がある。

例 ● Any size will do. 「どのサイズでもいいです」
● That'll do. 「それで十分です」
● Jim will do. 「(他の人の代わりに)ジムでもいいよ」

I think that will help.

▶help —「役に立つ」

I think that will help.「あると役に立ちますよね」。**このhelpの意味は「役に立つ、助けになる」**。

例 ● That dictionary helped. 「あの辞書役に立ったよ」
● Your information really helped. 「君の情報のおかげで本当に助かったよ」

超 コメント

work「うまくいく、効き目がある」。この使い方も一緒に覚えておこう。
例 Your idea won't work.「君の考えではうまくいかないよ」
This cold medicine didn't work at all.「この風邪薬全然効かなかった」

モノローグをまるごと利用

Step 4 ● バーチャル・エクササイズ

ダイアログ／ロールプレイ

▶まずはダイアログ（会話）の流れを確認。

ダイアログの場面　ホームセンターで店員に郵送用の箱があるかどうか確認し、色や個数を伝える。一緒にガムテープも購入する。

みなさんのパートはA！

▶では、ロールプレイをしてみよう。
⇒シグナル音の後に続けて、Excuse me. で会話をスタートする。

A : Excuse me.

B : Yes?

A : Do you sell mailing boxes?

B : We have plain boxes and others in ①various colors.

A : The color doesn't matter.

B : These ones are ②the best value for the price.

A : Five small, plain ones will do.

B : Would you like ③packing tape, too?

A : Oh, yes. Packing tape. I think that will help.

B : OK. Please come this way.

▶和訳は174ページ

① variousの意味は「さまざまな」。
② the best value for the price「価格に見合う最高の価値」⇒「超お買い得（品）」。
③「ガムテープ」はpacking/packaging tapeと言う。

Step 5 ● チェック

次の日本語を英語で言ってみよう。

1 君が好きかどうかは問題ではない。
2 現金持ってないんですよ。クレジットカードでもいいですか？
3 僕のアドバイスが役に立てばいいけど。
4 彼の計画は実にうまくいった。

解答
1 It doesn't matter whether you like it or not.
2 I don't have any cash. Will a credit card do?
3 I hope my advice helps.
4 His plan really worked.

UNIT 4

「It＋自動詞」で表す天気・天候表現

Step 1 ● ウォームアップ　今ある実力をチェック

イラストと場面説明から状況をイメージ。
▶ヒントを参考にして「　」内の日本語を英語で言ってみる。

モノローグの場面　天気がどうもはっきりしない。日が射したかな、と思ったら、雨が……

●
「曇ってきた」

●
「ちょっと前は晴れてたのに」

●
「今度は雨がパラパラ降り出してる」

「曇る」はcloud over、「晴れる」はclear up を動詞として使う。
「パラパラ降る」はsprinkle でいい。

Step 2 ● レッツ・プラクティス

モノローグ

まず、音声を聞いて、天気に関する動詞がどのように使われているのかを確認する。
次に、英文の意味を理解した上で、アドバイスを参考に音読してみよう。

The rainy season is here. 梅雨の季節ね。

It's clouding over. 曇ってきたわ。

A minute ago, **it was clearing up.** ちょっと前は晴れてたのに。

Now **it's starting to sprinkle.** 今度は雨がパラパラ降り出してる。

I don't like this weather. こういう天気って嫌よね。

音読アドバイス

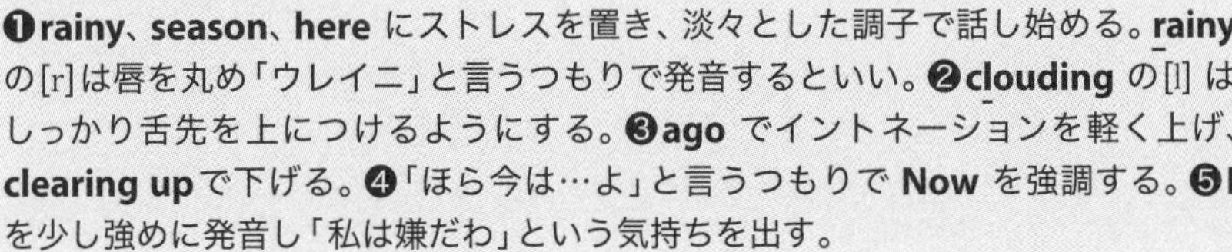

❶**rainy**、**season**、**here** にストレスを置き、淡々とした調子で話し始める。**rainy** の[r]は唇を丸め「ウレイニ」と言うつもりで発音するといい。❷**clouding** の[l] はしっかり舌先を上につけるようにする。❸**ago** でイントネーションを軽く上げ、**clearing up** で下げる。❹「ほら今は…よ」と言うつもりで **Now** を強調する。❺**I** を少し強めに発音し「私は嫌だわ」という気持ちを出す。

注 The rainy season「梅雨」。ちなみに「梅雨入りした」はThe rainy season has set in. と言う。
sprinkle「雨がパラパラ降る」は、スプリンクラーを連想するといい。

Step 3 ● 英文法キーポイント

天気に関する表現といえば、「It is (getting) + 形容詞(cloudy、rainy、snowyなど)」やrain、snow、shine(自動詞)など。他にもいろいろな動詞表現がある。

It's clouding over.

Step 2の英文の中に登場したcloud over、clear upの類の自動詞なら事欠かない。

例
- It's fogging up.　「霧が出てきた」
- It's blowing hard.　「強い風が吹いている」
- It's drying up.　「乾燥してきた」
- It's heating up.　「暑くなってきた」
- It's warming up.　「暖かくなってきた」
- It's cooling down.　「涼しくなってきた」

ここで挙げたのは何も特別な動詞ではない。日常、ごく自然に使う言い回しである。

Now it's starting to sprinkle.

今度は、**雨の降り方に関する表現**を取り上げよう。

例
- It's sprinkling.　「パラパラ降る」
- It's misting.　「霧雨が降る」
- It's pouring.　「土砂降りだ」
- It was storming last night.　「昨夜は大荒れだった(嵐)」
- It's showering on and off.　「にわか雨が降ったりやんだりしている」

その他の例

例 It's hailing.「ひょう(あられ)が降っている」
It's sleeting.「みぞれが降っている」

モノローグをまるごと利用

Step 4 ● バーチャル・エクササイズ ダイアログ/ロールプレイ

▶まずはダイアログ(会話)の流れを確認。

ダイアログの場面

梅雨の走り。日が出たと思ったら、今度は雨が降り出す。不安定な梅雨空を見ながら、「嫌な天気だな」とお互いに話す。

みなさんのパートはA!

▶では、ロールプレイをしてみよう。
⇒シグナル音の後に続けて、The rainy season ... で会話をスタートする。

A : The rainy season is here.

B : Yeah. Look at the sky.

A : It's clouding over.

B : It sure is.

A : A minute ago, it was clearing up.

B : ①Not anymore.

A : Now it's starting to sprinkle.

B : Oh, no.

A : I don't like this weather.

B : Is it raining, or is it clearing up?

▶和訳は174ページ

① It's not clearing up anymore. を省略して Not anymore. と言っている。

Step 5 ● チェック

次の日本語を英語で言ってみよう。

1 明日は晴れたらいいね。
2 日が出て、暖かくなってきた。
3 この土砂降りじゃ、出かけられないよ。
4 あっ、みぞれが降ってる。外は寒いだろうな。

解答

1 I hope it clears / will clear up tomorrow.
2 The sun is shining. It's warming up.
3 It's pouring. We can't go out.
4 Look, it's sleeting. It must be cold outside.

UNIT 5 使用頻度の高い feel、sound、lookを使いこなす

Step 1 ● ウォームアップ  今ある実力をチェック

イラストと場面説明から状況をイメージ。
▶ヒントを参考にして「　」内の日本語を英語で言ってみる。

モノローグの場面　体調が思わしくない。どうも風邪を引いたらしい。

●
「のどがヒリヒリする」
●
「それに声が変だし」
●
「今日は家にいた方がいいみたいだ」

「痛い、ヒリヒリする」feel sore、「変に聞こえる」sound funny、「…みたい」It looks like ... を使って言ってみる。

Step 2 ● レッツ・プラクティス

まず、音声を聞いて、feel、sound、look がどのように使われているのかを確認する。
次に、英文の意味を理解した上で、アドバイスを参考に音読してみよう。

My throat **feels** sore.	のどが痛い。
And my voice **sounds** funny.	それに声が変だし。
I guess I have a cold.	風邪引いたかな。
It **looks like** I'd better stay home today.	今日は家にいた方がいいみたいだ。
That **sounds like** a good idea.	そうしよう。

音読アドバイス

❶❷元気なさそうに話し出す。**throat**、**sore**、**voice**、**funny** で具体的にどこがいつもと違うのかを説明する。[θ] [f] [v] (**throat**、**feel**、**funny**、**voice**) の摩擦させる音に注意。❸少し伸ばすように cold を発音し、「風邪を引いた」と相手に伝える。❹**I'd better** は1つの語のように「アイドベラ」と発音する。❺最後の文は **That** と **good** にストレスを置いて、自分に言い聞かせるように話す。

注 guess「推測する、思う」、have a cold「風邪を引く（引いている）」の意。

「～のように聞こえる」はsoundを使います

Step 3 ● 英文法キーポイント

feel、sound、lookを使いこなすには、主語として使える語を知っておく必要がある。

My throat feels sore.

まず、**人を主語にfeel「感じる」を使った表現例**。

例 ● I feel a little better. 「少し気分がよくなった」
● I feel embarrassed. 「恥ずかしい」
● I feel like (having) a cup of coffee. 「コーヒーが一杯飲みたい気分だな」
（名詞[句]があとに続く場合、前置詞likeが必要）。

次に、例文のように**人以外の主語を使った場合**。

例 ● My face feels hot. 「顔が火照る」 ● My shoulders feel stiff. 「肩が凝る」
● This silk dress feels soft. 「このシルクのドレス手触りがソフトだね」

And my voice sounds funny.

上の文は、自分の声を聞いて「変に聞こえる」と言っている。You sound sick.やShe sounds sad.はどうか。相手が話しているのを聞いて「調子が悪そうだね」、「悲しそうだね」と心配している。**声や音を聞いて「～である（のように聞こえる）」と言う時に使うのが動詞soundである**。

feel同様、名詞（句）を続ける場合には、likeを使う。

例 ● He sounds like a good boss. 「彼、いい上司みたいだね」

It looks like I'd better stay home today.

lookの意味は「～（のよう）に見える」。You look happy.は「幸せそうだね（幸せに見える）」、She looks good in photos.は「彼女は写真うつりがいいね」と、相手の顔や写真を見てコメントしている。**feel、soundと同じように、likeを使って、It looks like rain.「雨が降りそう」のようにも言える**。

また、例文のようにlikeの後に文も続けられる。

超 コメント

上の動詞の仲間に、taste「味がする」、smell「臭いがする」がある。
例 This sandwich tastes good.「このサンドイッチおいしいね」
This wine tastes like grape juice.「このワイン、グレープジュースみたいな味がする」
例 This perfume smells good.「この香水いい匂いだね」
The kitchen smells like fish.「台所が魚臭いね」

Step 4 ● バーチャル・エクササイズ

ダイアログ／ロールプレイ

▶まずはダイアログ（会話）の流れを確認。

ダイアログの場面 のどはヒリヒリするし、声の調子もおかしい。家でゆっくり休むことにしたが……

▶では、ロールプレイをしてみよう。

みなさんのパートはA！

⇒シグナル音の後に続けて、My throat feels sore. で会話をスタートする。

A : My throat feels sore.

B : That's not good.

A : And my voice sounds funny.

B : ①It sure does.

A : I guess I have a cold.

B : I think you do.

A : It looks like I'd better stay home today.

B : You need ②plenty of rest, good food, and hot tea.

A : That sounds like a good idea.

B : But you'll have to ③fix them yourself. I'm going out.

▶和訳は174ページ

① It sure does. は Your voice sure sounds funny. の意味。
② plenty of「多くの、たくさんの」
③ この場合の fix は「食事や紅茶を用意する」の意。

Step 5 ● チェック

次の日本語を英語で言ってみよう。

1 足が冷えるな。
2 このラジオ音がよくないね。
3 〈話しているのを聞いて〉彼女、厳しそうな先生だね。
4 お化けを見たような顔をしてるぞ。

解答

1 My feet feel cold.
2 This radio sounds bad.
3 She sounds like a strict teacher.
4 You look like you just saw a ghost.

UNIT 6

進行形が表す2つの意味

Step 1 ● ウォームアップ  今ある実力をチェック

イラストと場面説明から状況をイメージ。
▶ヒントを参考にして「　」内の日本語を英語で言ってみる。

モノローグの場面

楽しみにしていたパーティーが今夜開かれる。
そこで、友人にも声をかける。

●
「今夜パーティーがあるんだ」

●
「すごく楽しみだな」

●
「メアリーと彼女の友達が来るよ」

「パーティーがある」は have a party、
「楽しみだ」は look forward to ... を使って進行形で言ってみる。

Step 2 ● レッツ・プラクティス

モノローグ

まず、音声を聞いて、動詞がどのように使われているのかを確認する。
次に、英文の意味を理解した上で、アドバイスを参考に音読してみよう。

We**'re having** a party tonight.	今夜パーティーがあるんだ。
I**'m** really **looking** forward to it.	すごく楽しみだな。
Mary and her friends **are coming.**	メアリーと彼女の友達が来るよ。
I**'m inviting** everybody.	みんなに来るように言ってるんだけど。
Do you want to come?	君も来る？

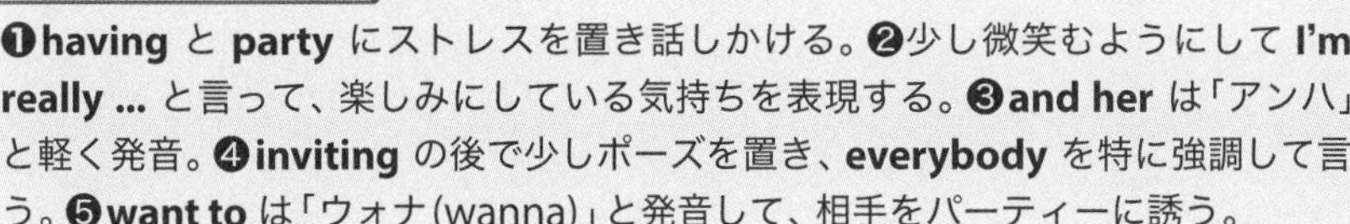

音読アドバイス

❶**having** と **party** にストレスを置き話しかける。❷少し微笑むようにして **I'm really ...** と言って、楽しみにしている気持ちを表現する。❸**and her** は「アンハ」と軽く発音。❹**inviting** の後で少しポーズを置き、**everybody** を特に強調して言う。❺**want to** は「ウォナ(wanna)」と発音して、相手をパーティーに誘う。

注 invite は「招待する」の意。

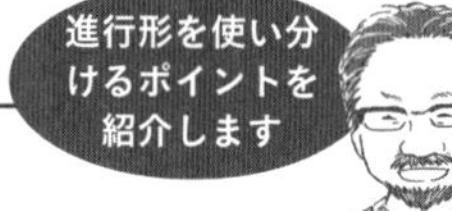

Step 3 ● 英文法キーポイント

「be＋動詞ing」は「予定（することになっている）」と「動作や物事の進行」を表す。この2つがどのように使われるのかをここで見ておこう。

We're having a party tonight.

▶-ing ― 予定

tonightがあるのでare havingの意味が**「今～している」ではなく**、「今夜、パーティーを開くんだ」と夜の**予定を話している**のがわかる。Mary and her friends are coming. はcoming to the party tonight「今夜のパーティーに来るんだ」と言っている。

「予定」を表す場合には、その動詞部分をbe ready to ...「…する準備ができている」に言い換えて考えてみる。We're ready to have a party tonight.、Mary and her friends are ready to come. とするとbe having、be comingの表す意味がはっきりする。

例 ● Are you going to college next year?
→ Are you ready to go to college next year?

I'm really looking forward to it.

▶-ing ―「（動作や物事の）進行」

ごく当たり前の進行形。この場合、その時どうしているのかがポイントになる。「（今）楽しみにしている」と言っている。同じように、I'm inviting everybody. も「みんなを招待している」、つまり、「（今）パーティーに来るように誘っている」。

超 コメント

「be＋動詞ing」の意味は、文脈によって決まる。多くの場合、一緒に使われる副詞（句、節）によって判断がつく。You and I are working together. この文だけなら「今一緒に働いている」のか「一緒に働く（予定）」なのかわからない。nowやtomorrowがあればそれがハッキリする。

Step 4 ● バーチャル・エクササイズ ダイアログ／ロールプレイ

▶まずはダイアログ（会話）の流れを確認。

今夜はパーティーだ。知っている友人が参加することを伝え、同僚にもパーティーに来るように声をかける。

みなさんのパートはA！

▶では、ロールプレイをしてみよう。
⇒シグナル音の後に続けて、We're having ... で会話をスタートする。

A : We're having a party tonight.

B : Oh, yeah?

A : I'm really looking forward to it.

B : Who's coming?

A : Mary and her friends are coming.

B : They're ①a lot of fun.

A : I'm inviting everybody.

B : ②How about me?

A : Do you want to come?

B : If Mary's coming, sure!

▶和訳は174ページ

① a lot of fun は「とても楽しい、面白いこと」の意。
② How about ... ? で「…はどうかな」の意。

Step 5 ● チェック

次の日本語を英語で言ってみよう。

1 そこで何やってるんだい？
2 足踏んでるよ！
3 昼食後の会議でプレゼンするんだ。
4 彼女、明日（飛行機で）香港に発つんだ。

解答

1 What are you doing there?
2 You're stepping on my foot!
3 I'm giving a presentation at the meeting after lunch.（presentationは「発表」の意）
4 She's flying to Hong Kong tomorrow.

UNIT 7

be going toとwillで未来を表す

Step 1 ● ウォームアップ 今ある実力をチェック

イラストと場面説明から状況をイメージ。
▶ヒントを参考にして「　」内の日本語を英語で言ってみる。

モノローグの場面

経営学修士号に挑戦する。
今の自分の気持ちを口に出して言ってみる。

●
「経営学修士号を取ろうと思ってね」
●
「僕の年齢では、大変だろうけど」
●
「でも、やってみるよ」

ヒント！

I'm going to ... で言い始める。「経営学修士号」は MBA、「僕の年齢で」は at my age、「やってみる」は I'll ... を使う。

Step 2 ● レッツ・プラクティス

モノローグ

まず、音声を聞いて、be going to と will がどのように使われているのかを確認する。
次に、英文の意味を理解した上で、アドバイスを参考に音読してみよう。

Do you want to know my plans for next year?	僕の来年の計画知りたい？
I'm going to go for an MBA.	経営学修士号を取ろうと思ってね。
At my age, it won't be easy.	僕の年齢では、大変だろうけど。
Not many 60-year-olds go to college.	60 歳で大学に行く人はあまりいないからね。
But I'll do it.	でも、やってみるよ。

音読アドバイス

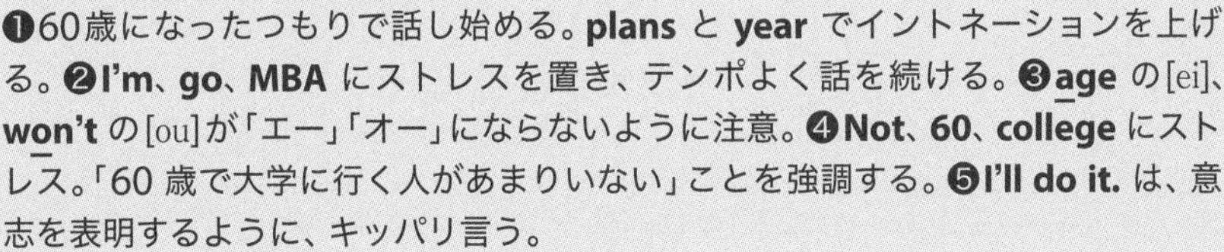

❶60歳になったつもりで話し始める。**plans** と **year** でイントネーションを上げる。❷**I'm**、**go**、**MBA** にストレスを置き、テンポよく話を続ける。❸**age** の[ei]、**won't** の[ou]が「エー」「オー」にならないように注意。❹**Not**、**60**、**college** にストレス。「60 歳で大学に行く人があまりいない」ことを強調する。❺**I'll do it.** は、意志を表明するように、キッパリ言う。

注 MBA は Master of Business Administration の略。go for ... は「…を目指す、…を得るために頑張る」、60-year-olds（名詞）は「60 歳の人たち」の意。

Step 3 ● 英文法キーポイント

未来を表す２つの表現の意味を把握しましょう

ここで未来を表すbe going toとwillの基本となる２つの意味を復習しておこう。

①I'm going to go for an MBA.

▶「するつもり」・「しようとしている」

②③この場合のbe going to は**「…するつもり、…する予定である」の意味**。be planning toと言い換えられる。I was just going to send you an e-mail message.「電子メールを送ろうとしているところだった」のように、**「しようとしている」の意味にもbe going toを用いる**。

At my age, it won't be easy.

▶「だろう」

But I'll do it.

▶「する（意志）」

At my age, it won't be easy. は、「（自分がMBAを取るために大学に入ったら）それって大変だろうな」と**来年（未来）について自分の考えを言っている**。しかし、But I'll do it. は、「頑張ってやってみる（I will try to get an MBA）」の意味になり、**willに話者の意志が込められている**。

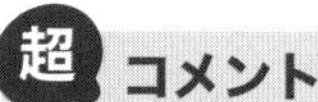

コメント

① 日常会話では、going toがgonnaと発音される場合がある。
例 I'm gonna do it.「僕はやるつもりだよ」
② 「予定」を表す「be to＋動詞」という表現もある。
例 The meeting is to start at three today.「今日は３時に会議が始まる予定です」
③ 進行形で表す未来については本書36ページ参照。

Step 4 ● バーチャル・エクササイズ ダイアログ／ロールプレイ

▶まずはダイアログ（会話）の流れを確認。

60 になってもまだ意気軒昂。来年は経営学修士号に挑戦するつもりであると妻に伝える。それを聞いた彼女も応援してくれると言う。

みなさんのパートはA！

▶では、ロールプレイをしてみよう。
⇒シグナル音の後に続けて、Do you want to ... で会話をスタートする。

A : Do you want to know my plans for next year?

B : Uh-huh.

A : I'm going to go for an MBA.

B : Really?

A : At my age, it won't be easy.

B : It sure won't.

A : Not many 60-year-olds go to college.

B : It's ①pretty unusual.

A : But I'll do it.

B : Well, I'll ②root for you.

▶和訳は175ページ

① pretty unusual「とても普通ではない」の意味。この場合の pretty はvery と置き換えてもいい。
② root for ... は「…を励ます、…を応援する」の意。

Step 5 ● チェック

次の日本語を英語で言ってみよう。

1 今夜は外食するんだよね？
2 雲を見てよ。雨が降りそうだね。
3 それは君が思っているよりずっと難しいだろうな。
4 君が頼んでも彼はやらないよ。

解答

1 We're going to eat out tonight, aren't we?
2 Look at the clouds. It's going to rain.
3 It will be much more difficult than you think.
4 He won't do it even if you ask him.

UNIT 8

文の中でいかに時を一致させるか

Step 1 ● ウォームアップ

今ある実力をチェック

イラストと場面説明から状況をイメージ。
▶ヒントを参考にして「　」内の日本語を英語で言ってみる。

モノローグの場面
出てきた料理を見ると、
いらないと言ったコショウがかかっている。

●
「こうなるってわかってたわ」

●
「彼にコショウいらないって言ったのに」

●
「聞いてないと思ったわ」

ヒント！

「こうなる」は this will happen、「彼に…と言った」は I told him that ... を使う。「聞く」は listen to だが、過去形の文なので、どのようにして時を一致させればいいかを考える。

Step 2 ● レッツ・プラクティス

モノローグ

まず、音声を聞いて、過去形の文がどのように使われているのかを確認する。
次に、英文の意味を理解した上で、アドバイスを参考に音読してみよう。

I **knew** this **would** happen.	こうなるってわかってたわ。
That waiter has a bad attitude.	あのウエイター態度悪いもの。
I **told** him I **didn't** want pepper.	彼にコショウいらないって言ったのに。
But there's pepper all over my salad.	でも私のサラダ、コショウだらけ。
I **thought** he **wasn't** listening to me.	聞いてないと思ったわ。

音読アドバイス

❶少し小声で、ガッカリしたように **happen** でイントネーションを下げる。❷特に、**bad** に強いストレスを置き、「ウエイターの態度の悪さ」を強調する。❸「言ったのに」という感じで **told**、**didn't**、**pepper** にストレスを置いて話す。❹続けて「サラダに一杯かかってる」を強調するために **all** と **salad** を強めに発音。❺ **thought** にストレス、最後の **me** でいく分イントネーションを上げる。

注 have a bad attitude あるいは have an attitude problem で「態度が悪い」の意。

時制の一致には
例外もあるので
要注意です

Step 3 ● 英文法キーポイント

接続詞で2つの文を結びつける場合には、時の一致のさせ方を考えなくてはならない。ここでは「今も続いている習慣や好み」に焦点を当て、時制の一致について考えてみよう。

I knew this would happen.
I told him I didn't want pepper.

▶ 例外：今も続いている習慣や好み

I know this will happen. をI knewで始めると、それに合わせて後の文もthis would happenと過去形にする。これを時制の一致という。ただし、**いつでも「過去ならば過去」と簡単に問題が片づくわけではない**。例えば、2番目の文を次のように言い換えたとしよう。I told him I didn't like pepper.「彼に僕はコショウが好きじゃないと言った」。この文自体に問題はない。だが、もし**今も変わらず「コショウが嫌い」なら、過去形にせずに、I told him I don't like pepper.とも言える**。

①②似たような例文をいくつか挙げておこう。

例 ● He said he doesn't read very much.
「彼はあまり本を読まないと言った」

この場合、didn't readでもいいが、**「読書をあまりしない」のは、今でもそうなので、doesn't readと現在形のままでも問題はない**。

例 ● Didn't I tell you I eat natto?
「僕、納豆食べるって言わなかったかい？」

自分は納豆を食べる（好き）——それを伝えたかどうかを話題にしている。**eatは現在形のままでいい**。

超 コメント

① 発着時間が決まっている乗り物の場合も、時制を一致させなくてもいい。
例 I didn't know that the last bus leaves at 10:30.
「バスの最終が10時30分に出るとは知らなかった」

② 一般の真理・科学的事実も時制の一致の例外となる。
例 He showed the kids that oil floats on water.
「彼は子供達に油が水に浮くのをやって見せた」

モノローグをまるごと利用

Step 4 ● バーチャル・エクササイズ

ダイアログ／ロールプレイ

▶まずはダイアログ(会話)の流れを確認。

レストランで注文する際、コショウはいらないと言ったのだが、サラダにはコショウがかかっている。ウエイターの態度の悪さに文句をつけたくなる。

みなさんのパートはA！

▶では、ロールプレイをしてみよう。
⇒シグナル音の後に続けて、I knew ...で会話をスタートする。

A : I knew this would happen.

B : What's that?

A : That waiter has a bad attitude.

B : Do you think so?

A : I told him I didn't want pepper.

B : I remember that.

A : But there's pepper all over my salad.

B : Really?

A : I thought he wasn't listening to me.

B : ①I guess not.

▶和訳は175ページ

①I guess not. は I guess he wasn't listening to you. を省略した言い方。

Step 5 ● チェック

次の日本語を英語で言ってみよう。

1 遅れるんじゃないかと心配だったんだ。
2 かつて自分はフットボールの選手だったと彼は言った。
3 彼が来るかどうか知らなかったんだ。
4 お寿司が好きだって言わなかったっけ？

解答

1 I was afraid we would be late.
2 He said that he was once a football player.
3 I didn't know whether he was coming or not.
4 Didn't I tell you I like sushi?

UNIT 9 have「持つ」と完了形の関係

Step 1 ● ウォームアップ  今ある実力をチェック

イラストと場面説明から状況をイメージ。
▶ヒントを参考にして「　」内の日本語を英語で言ってみる。

モノローグの場面　突然、会社の同僚が見慣れた長い髪を短くカットしてきた。それを見て、一体どうしたのかと声をかける。

●
「髪どうしちゃったの？」
●
「短い髪のあなたって見たことないから」
●
「いつも長い髪だったでしょ」

「どうしちゃったの？」はWhat have you done ... ?、「見たことがない」はhave never seen ...、「ずっと… だった」はhave always had ... を使う。

Step 2 ● レッツ・プラクティス

まず、音声を聞いて、have がどのように使われているのかを確認する。
次に、英文の意味を理解した上で、アドバイスを参考に音読してみよう。

What **have** you **done** to your hair? 髪どうしちゃったの？

I'**ve never seen** you with short hair before. 短い髪のあなたは見たことないから。

It looks like you'**ve just joined** the military. 軍隊に入隊しましたって感じ。

What a change! It's such a bold move. 変わったわよね！ 大胆よねやることが。

You'**ve always had** long hair. いつも長い髪だったから。

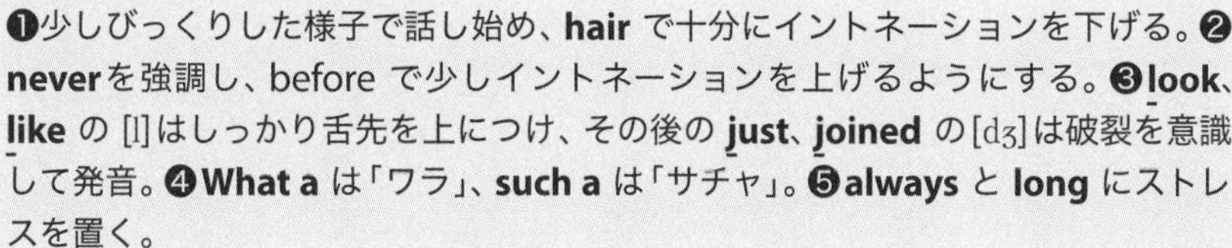

音読アドバイス

❶少しびっくりした様子で話し始め、**hair** で十分にイントネーションを下げる。❷**never** を強調し、before で少しイントネーションを上げるようにする。❸**look**、**like** の [l] はしっかり舌先を上につけ、その後の **just**、**joined** の [dʒ] は破裂を意識して発音。❹**What a** は「ワラ」、**such a** は「サチャ」。❺**always** と **long** にストレスを置く。

注 with short hair「短い髪をしている」、It looks like ...「…みたい、…のよう」、move は名詞で「動き、行動」の意。

完了形の文におけるhaveの働きに注目

Step 3 ● 英文法キーポイント

①②完了形が表す３つの意味をhave「持つ」をキーワードに説明しよう。

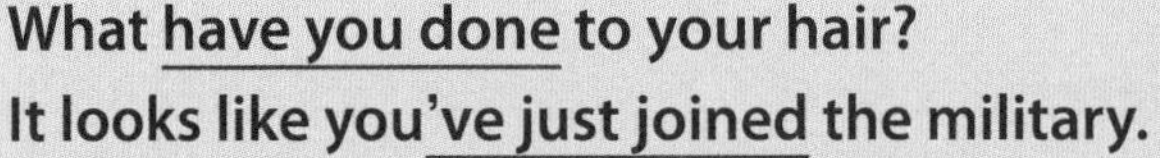

What have you done to your hair?
It looks like you've just joined the military.

▶ 第１の意味 —「しちゃった」

What did you do to your hair?「髪どうしたの（何をしたの）？」は過去、What have you done to your hair?「（今）髪をどうしちゃったの（今何かをした）？」は**have「持つ」の働きで現時点の話になる**。It looks like you've just joined the military.の場合も同様。「軍隊に入った（過去の行為）」が、「今入隊したばかり」となる。

I've never seen you with short hair before.

▶ 第２の意味 —「したことがある（ない）」

I never saw ...ならば「（過去において）短い髪をしているのを見たことがなかった」。それが**have never seenになると、「（現在に至るまで）見た経験がない（経験を持ってない）」の意味になる**。

You've always had long hair.

▶ 第３の意味 —「ずっと〜だった」

always had long hairとhave always had long hairとの違いは？ 前者は過去、後者が現在。**have「（今）持っている」により、「昔から現在に至るまで、ずっと長い髪をしていた」の意味に**。

超 コメント

①「現在完了と共に過去を表す表現を使ってはいけない」というルールがある。現在形のhaveを使っているので、当然といえば当然である。
例 *I've seen him yesterday.とは言わない。

② 完了形の表す意味は、多くの場合、一緒に使われる副詞や接続詞によってわかる。
例 just、already、yet（第１の意味）、never、ever、before、once（第２の意味）、for、since、always（第３の意味）

「*」印 ⇨ 正しくない英文（間違った言い回し）

モノローグをまるごと利用

Step 4 ● バーチャル・エクササイズ ダイアログ／ロールプレイ

▶まずはダイアログ（会話）の流れを確認。

突然、会社の同僚が見慣れた長い髪を短くカットしてきた。それを見て、一体どうしたのかと声をかける。

▶では、ロールプレイをしてみよう。

みなさんのパートはA！

⇒シグナル音の後に続けて、What have you done ... で会話をスタートする。

A : What have you done to your hair?

B : I ①had it cut. Isn't that obvious?

A : I've never seen you with short hair before.

B : You should try it. It's cool in the summer.

A : It looks like you've just joined the military.

B : I think it looks great. And it's easy to wash.

A : What a change! It's such a bold move.

B : ②Says who?

A : You've always had long hair.

B : Not anymore.

▶和訳は175ページ

① have it cut で「髪(it) を切ってもらう」、obvious は「明らか」の意。
② Says who?(Who says that?) は前の It's such a bold move. に対して「誰がそう言ってるのか？」と聞き返している。

Step 5 ● チェック

次の日本語を英語で言ってみよう。

1 ちょうど仕事から帰って来たところなんだ。
2 2カ月も雨が降っていない。
3 ずっとこの時計が欲しかったんです。
4 僕は外国に一度も行ったことがない。

解答

1 I've just come back from work.
2 It hasn't rained for two months.
3 I have wanted this watch for a long time.
4 I have never been abroad.

UNIT 10 完了形で表す「…だろう(未来)」と「ずっと…している(進行形)」

Step 1 ● ウォームアップ 今ある実力をチェック

イラストと場面説明から状況をイメージ。
▶ヒントを参考にして「　」内の日本語を英語で言ってみる。

モノローグの場面　久しぶりに昔の仲間と顔を合わせる。
どれくらいの月日が過ぎたのかが話題になる。

●
「最後に会ってから
どれくらい経つかな？」

●
「来年で20年か」

●
「この20年、
何してたんだい？」

ヒント!

「どれくらい経つ？」How long has it been ... ？、「20年になる」it will have been 20 years、「(ずっと)何してたんだい？」What have you been doing ... ？を使って言ってみる。

Step 2 ● レッツ・プラクティス

モノローグ

まず、音声を聞いて、have がどのように使われているのかを確認する。
次に、英文の意味を理解した上で、アドバイスを参考に音読してみよう。

Hey, Jack. How've you been?	よう、ジャック。どうしてた？
How long has it been since we last met?	最後に会ってから どれくらい経つかな？
Next year it will have been 20 years, I guess.	来年で20年か。
What have you been doing for the past two decades?	この20年、何してたんだい？
You're still the same old Jack.	お前、昔のままだな。

音読アドバイス

❶「よう、しばらく」と声をかける。**Jack** の[æ] を少し伸ばすように発音するとい い。**How've you been?** は「ハウビュベン」と1 つの単語のように。❷❸**long**、**been**、**met**、**Next**、**20**、**years** にストレスを置き、「最後に会って20 年にもなる」を強調。❹**What have you ...** は流れるように一気に。❺**same old Jack** では「変わらないね」という感じを出す。

注 How've [How have] you been? は「ずっとどうしてたの？」という意味になる。
I guess は「だと思うよ」の意。

Step 3 ● 英文法キーポイント

willや進行形をともなう完了形を解説します

完了形のhaveとwill、be doingが一緒になるとどのような意味を表すのか。ここでもhave「持つ」がキーワードになる。

Next year it will have been 20 years.

「will have＋過去分詞（未来完了）」の場合は、willがあるので、未来へ視点が移る。 It has been 20 years「20年経った」なら現時点での話。Next year it will have been 20 years.「来年で20年経ったことになる」は来年に視点が移り、**「その時点で…になる（その状態を持つ）」の意味を表す**。

例 ● She will have been in San Diego for two years next month.
「彼女は来月でサンディエゴに滞在して2年になる」

● I will have finished the report by three.
「3時までにはその報告書を書き上げておきます」

What have you been doing for the past two decades?

過去進行形What were you doing ...?「何をしていた？」とhave「（今）持っている」を組み合わせるとどうなるか。その動作が今も続いている。つまり、「（20年前から今現在に至るまで）ずっと何をしていたんだい？」となる。

例 ● We've been expecting you.
「（お越しをずっと）お待ちしておりました」

● It has been raining for three days.
「3日も雨が降り続いている」

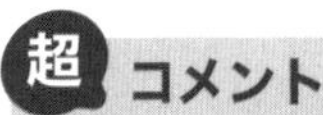

未来完了進行形を使った例文を挙げておこう。

例 I'll have been working for five hours by lunch time.

この英文の意味は ――「ランチまでに5時間もぶっ続けで仕事をしていることになる」。

Step 4 ● バーチャル・エクササイズ

ダイアログ／ロールプレイ

▶まずはダイアログ（会話）の流れを確認。

ダイアログの場面 20 年ぶりに友人と再会を果たす。話しぶりからして少しも変わっていない相手に懐かしさがこみ上げてくる。

みなさんのパートはA！

▶では、ロールプレイをしてみよう。
⇒シグナル音の後に続けて、Hey, Jack. で会話をスタートする。

A : Hey, Jack. How've you been?

B : ①Long time no see, buddy.

A : How long has it been since we last met?

B : Let's see ... 20 years?

A : Next year it will have been 20 years, I guess.

B : Hard to believe, isn't it? ②Time really flies.

A : What have you been doing for the past two decades?

B : ③Arguing with my boss, my wife, and my kids. What else?

A : You're still the same old Jack.

B : Yeah. That's the problem!

▶和訳は 175 ページ

① Long time no see. は「久しぶり」と言う時の決まり文句。
buddy は「おい」（呼びかけ表現）の意。
② Time really flies. は「光陰矢のごとし」の意。
③ argue with ... は「…と口論する」、What else? は「他に何があるんだい？」の意。

Step 5 ● チェック

次の日本語を英語で言ってみよう。

1 来週で、結婚して 10 年になるね。
2 金曜までに、この報告書を書き上げておきます。
3 一日中、ずっと飲んじゃ食っちゃしてたんだね。
4 夏中、ずっと何してたんだい？

解答

1 Next week, we will have been married for ten years.
2 I'll have finished this report by Friday.
3 You've been eating and drinking all day.
4 What have you been doing all summer?

UNIT 11

「be＋過去分詞」で表す「られる、される」

Step 1 ● ウォームアップ

今ある実力をチェック

イラストと場面説明から状況をイメージ。
▶ヒントを参考にして「　」内の日本語を英語で言ってみる。

モノローグの場面

指定された時間に会議室に行く。しかし、他の人の姿が見えない。

●
「ここに来るように言われたんだけど」

●
「2時に会議だったよね」

●
「ドアにメモが貼ってある」

ヒント！

「…するように言われる」は be told to ... 、「…に会議（がある予定）だった」は The meeting was scheduled for ... 、「メモが貼ってある」は A note has been taped ... を使う。

Step 2 ● レッツ・プラクティス

モノローグ

まず、音声を聞いて、動詞がどのように使われているのかを確認する。
次に、英文の意味を理解した上で、アドバイスを参考に音読してみよう。

Where is everybody?	みんなどこにいるんだ？
We **were told** to come here.	ここに来るように言われたんだけど。
The meeting **was scheduled** for two o'clock.	2時に会議だったよね。
A note **has been taped** to the door.	ドアにメモが貼ってある。
Now I see. The meeting **was canceled.**	そうか。なくなったんだ。

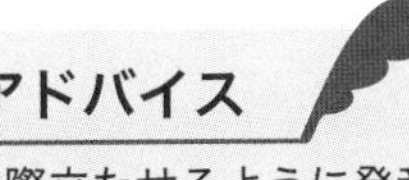

音読アドバイス

❶**is** を際立たせるように発音し、とまどいをうまく表現する。❷**told** にストレス、**here** で軽くイントネーションを上げる。❸**meeting**、**scheduled**、**two** にストレスを置く。❹ 続けて、「あれっ…が貼ってあるぞ」という感じで**A note ...** を言う。❺**Now**、**see** を伸ばすように発音し、ゆっくりとした調子で **meeting** と **canceled** にストレスを置く。

注 note は「（お知らせ用の）短い文書、メモ（用紙）」の意。

Step 3 ● 英文法キーポイント

「られる」「される」と言えば、「be＋過去分詞＋by（受け身の基本パターン）」。状況から判断できるなら、「by ...」は省略される。

①We were told to come here.

▶元の文１― Our boss [They] told us to come here.

「来るように言われた」。**誰かに指示されたのである**。例えば、上司（上層部）ならば、We were told to come here by our boss [them]. となる。**誰が言ったのか状況からわかる場合、by our boss、by themなどは不要**。

The meeting was scheduled for two o'clock.

▶元の文２ ―They scheduled the meeting for two o'clock.

その場所に来るように言ったのも、２時に集まるように指示したのも同じ人物。ならば、**by ...を省略するのが自然**である。

A note has been taped to the door.

▶元の文３ ― Somebody has taped a note to the door.

誰がメモを貼ったのかは問題ではない。誰がそうしたのかもわからない。そこにメモがあるという事実が話題になっている。**この場合、A note has been taped to the door by someone.は不自然な言い方**。

The meeting was canceled.

▶元の文４―They canceled the meeting.

会議を流したのはthey。**受け身の文を使うならby themは必要ない**。その時に、上司（達）の顔が浮かび、「（彼らが）キャンセルしたんだ」と言うなら、They canceled the meeting. を使う。

超 コメント

① We were told ...と主語がWeになっているのは、自分達の視点で話しているから。会議を召集した人（達）を考えて言うならば、They told us to ...を使う。どこに視点を当てるかによって、文型が決まる。

モノローグをまるごと利用

Step 4 ● バーチャル・エクササイズ ダイアログ／ロールプレイ

▶まずはダイアログ（会話）の流れを確認。

２時少し前に、会議室に行く。しかし、もう１人の同僚以外、人の姿が見あたらない。ふと、ドアを見ると、会議がなくなった、というメモが……

みなさんのパートはＡ！

▶では、ロールプレイをしてみよう。
⇒シグナル音の後に続けて、Where is everybody? で会話をスタートする。

A : Where is everybody?

B : I don't know.

A : We were told to come here.

B : That's right.

A : The meeting was scheduled for two o'clock.

B : Yeah. What's going on?

A : A note has been taped to the door.

B : ①What does it say?

A : Now I see. The meeting was canceled.

B : Good. Let's get out of here.

▶和訳は175ページ

① What does it say?　この意味は「メモは何と言っている？＝何と書いてある？」になる。

Step 5 ● チェック

次の日本語を英語で言ってみよう。

1 ここで待つように言われたんだ。
2 そのプロジェクトは昨日話題になっただろ。
3 この石鹸はお店では売ってないんだ。
4 軽食の用意がしてあります。

1 I was told to wait here.
2 The project was discussed yesterday.（discuss は「話し合う」の意。about は必要ない）
3 This soap is not sold in stores.
4 Refreshments have been prepared for you.（「prepare ... for 人」で「（人に）…を用意する」の意）

UNIT 12 getを使った受け身表現

Step 1 ● ウォームアップ  今ある実力をチェック

イラストと場面説明から状況をイメージ。
▶ヒントを参考にして「　」内の日本語を英語で言ってみる。

モノローグの場面　飛ばしてきた自転車にぶつけられとんでもないことに。

●
「すごいスピードで走ってきた自転車にぶつけられてさ」
●
「転んで鼻折っちゃって」
●
「自転車に乗ってた奴は、ひざをすりむいただけ」

ヒント!

「ぶつけられる」は get hit を使う。「すごいスピードで飛ばしてきた自転車」は a speeding bicycle と言う。「転ぶ」は fall、「…をすりむく」はget ... skinned を使う。

Step 2 ● レッツ・プラクティス

モノローグ

まず、音声を聞いて、get がどのように使われているかを確認する。
次に、英文の意味を理解した上で、アドバイスを参考に音読してみよう。

Do you know
what happened to me?

何があったか知ってる?

I **got hit** by a speeding bicycle!

すごいスピードで走ってきた自転車にぶつけられてさ!

I broke my nose when I fell.

転んで鼻を折っちゃって。

The guy on the bike
just **got his knee skinned.**

自転車に乗ってた奴は、ひざをすりむいただけだけど。

I had to go to a doctor
to have my nose fixed.

僕は医者に行って、鼻を治してもらったんだよ。

音読アドバイス

❶「ねー、知ってる?」と話しかける。**me** では軽くイントネーションを上げる。❷次の文では、**hit** と **bicycle** を強調して、何があったかを話し始める。❸「大変だったんだよ」という感じが出るように、**broke**、**nose**、**fell** にストレスを置いて話を続ける。❹**The guy ...** は淡々とした調子で言う。❺最後は **nose** を特に強調し、「鼻を治してもらった」と相手に伝える。

注 speeding は「スピードを出している」という意味の形容詞(分詞)。skin は「すりむく」の意。

Step 3 ● 英文法キーポイント

受け身はgetを使っても表現できます

受け身の基本形は、「be＋過去分詞」だが、ここではgetを使ったもう１つの「られる、される」表現を取り上げる。

I got hit by a speeding bicycle!

▶「get＋過去分詞」

上の例文では**I was hit by ...とほぼ同じような意味を表す。get(「手に入れる」の意)を使うと、より動的なイメージが相手に伝わる**。次の英文を使って具体的に説明しよう。

例 ● I didn't get paid this month.
「今月は給料をもらえなかったんだ」

● I got caught in a shower on my way home.
「家に帰る途中で夕立に降られた」

I wasn't paidの意味は「給料がもらえなかった」。I didn't get paidは「給料がもらえる事態にならなかった」となる。後者の場合も同様に、「夕立に遭うという事態になった」と**beを使った場合よりも動的なイメージが表現される。getは口語的な言い回し**。

The guy on the bike just got his knee skinned.

▶「get＋目的語＋過去分詞」

①②この場合も、getの意味を基本に考えればいい。his knee was skinned「ひざをすりむいた」という事態になった(get)のである。**getを使う場合はbe動詞は不要**。

もう１つ例を挙げておこう。

例 ● Let's get the work done as soon as possible.
「できるだけ早くその仕事を片づけてしまおう」

get + the work (was) done「仕事を片づいた状態にする」で「仕事を片づける」の意味になる。

超 コメント

① haveにも同じ用法がある。例えば、I had my bicycle stolen.「自転車を盗まれた」。この場合は「経験、被害」の意味を表す。

② had my nose fixedはhaveの使役用法で「治してもらった」の意味に。「have＋目的語＋過去分詞」が使役なのか、受け身なのかは文脈によって判断する。

モノローグをまるごと利用

Step 4 ● バーチャル・エクササイズ

ダイアログ／ロールプレイ

▶まずはダイアログ（会話）の流れを確認。

猛スピードで飛び出してきた自転車にぶつけられ鼻を折ってしまう。その時の様子を友人に説明すると、彼はちゃかしたように言葉を返してくる。

みなさんのパートはA！

▶では、ロールプレイをしてみよう。
⇒シグナル音の後に続けて、Do you know ... で会話をスタートする。

A : Do you know what happened to me?

B : No, but I see that little ①bandage on your nose.

A : I got hit by a speeding bicycle!

B : ②Oh, my gosh!

A : I broke my nose when I fell.

B : That's terrible.

A : The guy on the bike just got his knee skinned.

B : It does't seem fair, does it ?

A : I had to go to a doctor to have my nose fixed.

B : It looks better than before.

▶和訳は175ページ

① bandage は「包帯」だが、ここでは「布きれのような物」（絆創膏）の意。
② Oh, my gosh/God! は驚いた時、口をついて出る言葉。

Step 5 ● チェック

次の日本語を英語で言ってみよう。

1 あいつサッカーをしてて怪我しちゃったんだ。
2 嵐で屋根が壊れた。
3 転んだ時に、ひざをすりむいてね。
4 通勤電車の中で財布を盗まれちゃって。

解答

1 He got hurt playing soccer.
2 The roof got damaged in the storm.
3 I got my knee skinned when I fell down.
4 I had my wallet stolen in the commuter train.（commuterは「通勤する人」の意）

UNIT 13

使役動詞 make、let、haveの違いを知る

Step 1 ● ウォームアップ 

今ある実力をチェック

イラストと場面説明から状況をイメージ。
▶ヒントを参考にして「　」内の日本語を英語で言ってみる。

モノローグの場面

自分が料理当番であるのをすっかり忘れていた。
できればピザを頼みたいのだが……

●
「頼むから料理作れって言わないでくれよ」

●
「ピザ屋に電話かけてもいいよね」

●
「大きいピザ持って来てもらおうかな」

make me cook、let me call、have them deliverをそれぞれ使うようにする。

Step 2 ● レッツ・プラクティス　モノローグ

まず、音声を聞いて、make、let、have がどのように使われているのかを確認する。
次に、英文の意味を理解した上で、アドバイスを参考に音読してみよう。

Oh, no. I forgot about dinner.	あーっ、夕食のことを忘れてた。
Tonight it was my turn to cook, right?	今夜は僕が作る番だったんだよね？
Please don't **make** me cook.	頼むから料理作れって言わないでくれよ。
Let me call the pizza place.	ピザ屋に電話かけてもいいよね。
We could **have** them deliver a large pizza.	大きいピザ持って来てもらおうかな。

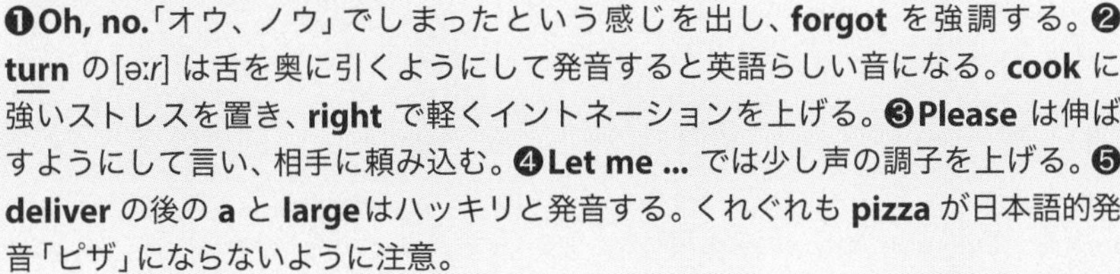

音読アドバイス

❶**Oh, no.**「オウ、ノウ」でしまったという感じを出し、**forgot** を強調する。❷**turn** の[əːr] は舌を奥に引くようにして発音すると英語らしい音になる。**cook** に強いストレスを置き、**right** で軽くイントネーションを上げる。❸**Please** は伸ばすようにして言い、相手に頼み込む。❹**Let me ...** では少し声の調子を上げる。❺**deliver** の後の **a** と **large** はハッキリと発音する。くれぐれも **pizza** が日本語的発音「ピザ」にならないように注意。

注 この場合の turn は名詞で「順番」、deliver は「配達する」の意。couldは「～しませんか」という軽い提案を表す表現。

Step 3 ● 英文法キーポイント

make、let、have 各動詞の基本的な意味を知れば、使役動詞としての意味の違いが見えてくる。

Please don't make me cook.

▶make — 強制

makeの基本的意味は「作る、作り出す」。上の英文は、「僕がcookする状況を作り出さないでくれ」という意味を表す。make me cookはforce/compel me to cookと言い換えられる。**makeには「(強制的に)〜させる」の意味が含まれる**。

Let me call the pizza place.

▶let — 許可

「許す・許可を与える」がletの基本的意味。Let me call ...では「電話をかけさせて」と許可を得ようとしている。Let me call ...はAllow me to call ...と言い換えられる。

We could have them deliver a large pizza.

▶have — 依頼

have「持つ、取る」を元にして考えると、「彼らが大きなピザを配達してくるという状況を持つ(にする)」となる。**haveには、「頼んで(お願いして)…してもらう」という意味が含まれる**。I had my laptop stolen.「ラップトップを盗まれた(盗まれるという状態を持つ)」のように**過去分詞が来る場合には、経験や被害を表す**(この形の使役用法については60ページ参照)。

超 コメント

ここでgetについても説明しておく。使役動詞getを用いる際のキーワードは「説得」。haveの代わりにget ... toを使ってWe could get them to deliver some drinks with our pizza.と言った場合を考えてみるといい。意味は「頼み込めばピザと一緒に飲み物を持って来てもらえるかも」になる。get ... toとtoが入る点にも注意。

モノローグをまるごと利用

Step 4 ● バーチャル・エクササイズ　ダイアログ／ロールプレイ

▶まずはダイアログ（会話）の流れを確認。

夕食を作ることになっていたのをすっかり忘れてしまった。疲れて料理を作る気になれない。そこでピザを頼もうと提案する。

みなさんのパートはA！

▶では、ロールプレイをしてみよう。
⇒シグナル音の後に続けて、Oh, no. で会話をスタートする。

A : Oh, no. I forgot about dinner.

B : But I'm hungry.

A : Tonight it was my turn to cook, right?

B : It sure was.

A : Please don't make me cook.

B : Well, I'm not going to cook.

A : Let me call the pizza place.

B : ①That's an idea.

A : We could have them deliver a large pizza.

B : OK, but you'll have to ②pay for it.

▶和訳は175ページ

① That's an idea. は「それも 1 つの考えね」の意味になる。
② pay for ... で「…の代金を支払う」の意。

Step 5 ● チェック

次の日本語を英語で言ってみよう。

1 それを大きな声で言わせないでくれよ。
2 彼らは子供達に道路で遊ばせないようにしている。
3 医者にのどを見てもらったんだ。
4 なんとか上司に頼んで休暇をもらったんだ。

解答
1 Don't make me say it out loud.
2 They don't let their kids play in the street.（letは「自由に…させる」の意）
3 I had the doctor look at my throat.
4 I got my boss to give me a vacation.

UNIT 14
文脈で変わる助動詞（should、must、mayなど）の意味

Step 1 ● ウォームアップ　今ある実力をチェック

イラストと場面説明から状況をイメージ。
▶ヒントを参考にして「　」内の日本語を英語で言ってみる。

モノローグの場面
帰りに買い物をしておこうか。
ひょっとすると家内も同じことを考えているかも……

●
「家に帰る途中で食料品を買って行こうかな」

●
「きっと家内も同じこと考えてるだろうな」

●
「彼女も買い物に行くかもしれないし」

出だしは I wonder if I should ... で言い始める。「食料品」groceries、「きっと…だろう」must、「買い物に行く」go shopping を使う。

Step 2 ● レッツ・プラクティス

まず、音声を聞いて、should、must、may、can がどのように使われているのかを確認する。
次に、英文の意味を理解した上で、アドバイスを参考に音読してみよう。

I wonder if I **should** buy groceries on the way home.
家に帰る途中で食料品を買ってこうかな。

My wife **must** be thinking the same thing.
きっと家内も同じこと考えてるだろうな。

She **may** go shopping, too.
彼女も買い物に行くかもしれないし。

I'**d better** call her first.
電話をした方がいいな。

Then we **can** avoid wasting time and money.
そうすれば時間とお金を無駄にしないですむから。

音読アドバイス

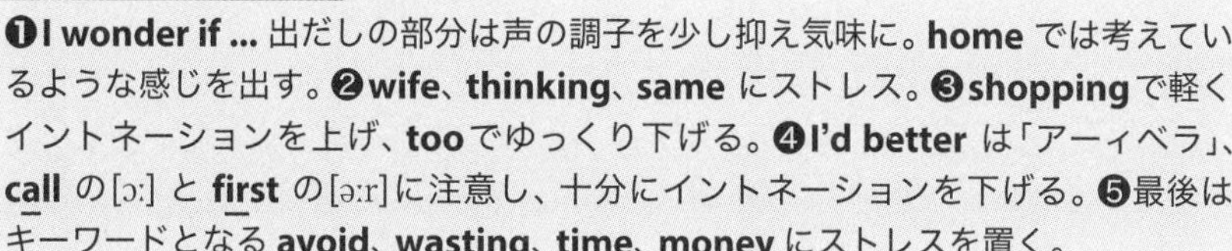

❶**I wonder if ...** 出だしの部分は声の調子を少し抑え気味に。**home** では考えているような感じを出す。❷**wife**、**thinking**、**same** にストレス。❸**shopping** で軽くイントネーションを上げ、**too** でゆっくり下げる。❹**I'd better** は「アーィベラ」、**call** の[ɔ:]と **first** の[ə:r]に注意し、十分にイントネーションを下げる。❺最後はキーワードとなる **avoid**、**wasting**、**time**、**money** にストレスを置く。

注 can avoid ... ing で「… するのを避けられる」の意。

Step 3 ● 英文法キーポイント

1つの助動詞にもさまざまな意味があります

「助動詞」は、動詞を助け「すべき、しなくては、できる、してもいい」などの意味を表す。同じ助動詞が、使われる文脈によって意味が変わる。ここで具体例を挙げて説明しよう。

I wonder if I should buy groceries on the way home.

▶should —「すべき、はず」

①shouldを強調して言うと、「…すべき(義務、忠告)」の意味が全面に出るが、**この場合は、「…した方がいい」に近い**。He should come here soon.では**「来るべき」ではなく「来るはず」の意味になる**。

My wife must be thinking the same thing.

▶must —「きっと…に違いない、しなくては」

例文のmustは**「きっと…に違いない」の意味**。一方、You must go now.では、**「行かなくてはならない」と義務を表す**。

She may go shopping, too.

▶may —「かもしれない、してもいい」

このmayは「買い物に行くかもしれない」とその**可能性について言っている**。これがYou may go now.になると、**「行ってもいい」と許可の意味を表す**。

Then we can avoid wasting time and money.

▶can —「できる、してもいい」

canは能力や可能性を表す助動詞。can avoid「避けられる」は、この意味で使われている。文脈によっては、You can stay as long as you want.「好きなだけここにいていいよ」のように、**「してもいい」と許可を表す**。

超 コメント

① 日本語の「すべき」と「した方がいい」を比べると、「すべき」の方が強い言い方である。shouldとhad betterの場合はどうか。予想に反して、had betterが命令口調になる。したがって、目上の人に対しては、Maybe you should ...を用いるのが自然である。この場合のshouldは「した方がいい」。

モノローグをまるごと利用

Step 4 ● バーチャル・エクササイズ ダイアログ／ロールプレイ

▶まずはダイアログ（会話）の流れを確認。

ダイアログの場面　ふと買い物のことが気になる。買って帰ろうか、どうしようかと迷う。友人は携帯からメールすることを提案する。

▶では、ロールプレイをしてみよう。　（みなさんのパートはA！）
⇒シグナル音の後に続けて、I wonder ... で会話をスタートする。

A : I wonder if I should buy groceries on the way home.

B : ①Why not?

A : My wife must be thinking the same thing.

B : ②You must be a real family man.

A : She may go shopping, too.

B : ③That would be a waste.

A : I'd better call her first.

B : Good idea.

A : Then we can avoid wasting time and money.

B : ④Why don't you send a text to her cellphone?

▶和訳は175ページ

① Why not? は Why don't you buy ...? を略した言い方。
② You must be a real family man. この must は「きっと…に違いない」の意。
③ That would be ... この would は、「（もし、彼女が買い物をしたら）無駄になるだろう」と仮定の話をしている。
④ Why don't you text her? とも言える。

Step 5 ● チェック

次の日本語を英語で言ってみよう。

1 出かける前に彼に電話をした方がいいよ。
2 きっとあいつは彼女に嘘ついてるんだよ。
3 あの少年が言ったことは本当なのかもしれないね。
4 来たい時にいつでもここに来ていいよ。

解答
1 You should call him before you go.
2 He must be lying to her.
3 What the boy said may be true.
4 You can come here any time you want.

UNIT 15

toと動詞の組み合わせで表す3つの意味

Step 1 ● ウォームアップ

今ある実力をチェック

イラストと場面説明から状況をイメージ。
▶ヒントを参考にして「　」内の日本語を英語で言ってみる。

モノローグの場面

明日の旅行に向け、仕事を片づけようと必死になっている。
なんとか終わらせなくては。

●
「やることが山ほどある」
●
「どうしても今週中に終わらせなくちゃ」
●
「スキューバダイビングを習いにフィジーに行くことになってるんでね」

ヒント!

「やることが山ほど…」はhave a lot of work ...、「どうしても…する」はreally need to ...、「スキューバダイビングを習う」はlearn scuba divingを使う。

Step 2 ● レッツ・プラクティス

まず、音声を聞いて、to がどのように使われているのかを確認する。
次に、英文の意味を理解した上で、アドバイスを参考に音読してみよう。

I have a lot of work **to do.** — やることが山ほどある。

I really need **to finish** it this week. — どうしても今週中に終わらせなくちゃ。

I have a good reason. — それなりの理由があるんだけど。

I'm going on a big trip next week. — 来週、ビッグな旅行に出かけるんだ。

I'm planning **to go** to Fiji **to learn** scuba diving. — スキューバダイビングを習いにフィジーに行くことになってるんでね。

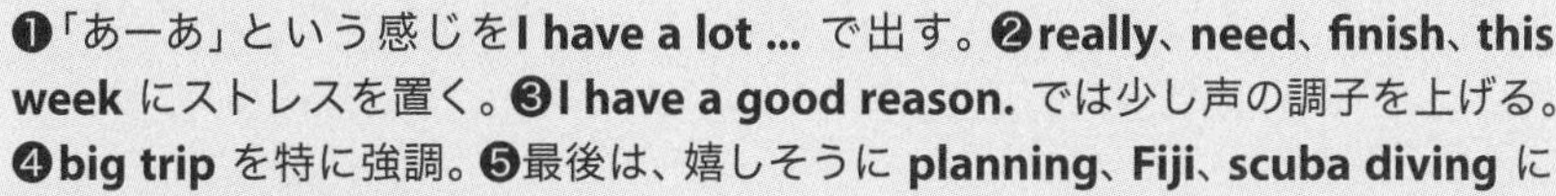

音読アドバイス

❶「あーあ」という感じを **I have a lot ...** で出す。❷**really**、**need**、**finish**、**this week** にストレスを置く。❸**I have a good reason.** では少し声の調子を上げる。❹**big trip** を特に強調。❺最後は、嬉しそうに **planning**、**Fiji**、**scuba diving** にストレスを置いて言う。

注 good には「それなりの（それ相当の）」という意味がある。big は「すごい、大切な」の意。scuba diving に冠詞は必要ない。

「to+動詞」の
3つの使い方を
理解しましょう

Step 3 ● 英文法キーポイント

**「to＋動詞」は、使われる文脈によって3つの違った働きをする。
「形容詞」、「名詞」、「副詞」の使い方の基本をここで確認しておこう。**

I have a lot of work to do.

▶後ろから前の言葉を説明する — 形容詞

a lot of work to doはa lot of work [that] I should do (I should do a lot of work)の意味で使われている。**to doは後ろから前のworkを説明**。これがわかれば、次の英文の意味もすぐに理解できるだろう。

例 ● I have places to go, things to do, people to see.

①to …は3つとも前のplaces、things、peopleを説明し、「行かなくちゃいけない場所はあるし、やることはたくさんあるし、会わなくちゃいけない人はいるし(とても忙しい)」の意味になる。

I really need to finish it this week.

▶「すること」の意味を表す — 名詞

②to finish …は、needの目的語で「…を終わらせること(名詞)」の意味を表す。身近な例文を挙げよう。

例 ● I want to learn how to drive.　「車の運転を覚えたい」
● I like to go shopping.　「ショッピングに行くのが好き」

I'm planning to go to Fiji to learn scuba diving.

▶目的や理由を表す — 副詞

3つのtoは、それぞれ違った働きをしている。まず、**to goは名詞でplanの目的語。次のtoは前置詞「…へ(場所)」。3番目のtoは「スキューバダイビングを習うために(目的)」の意味を表す。**別の例で、目的を表すtoの確認をしておこう。

例 ● She is now on a diet to lose weight.
「彼女、体重を落とすために今ダイエット中」

to loseは「…するために」の意味。

超 コメント

① places to goは本来ならば、places to go toとなるはずだが、toが省略されている。
② I want to learn how to drive.のhow toやI don't know what to do.「どうしたらいいかわからない」のwhat toも名詞の働きをしている。

モノローグをまるごと利用

Step 4 ● バーチャル・エクササイズ ダイアログ／ロールプレイ

▶まずはダイアログ（会話）の流れを確認。

楽しみの前には苦あり。海外旅行に出かける前に仕事を片づけようと残業していると、同僚が声をかけてくる。答えているとだんだん自慢話に……

みなさんのパートはA！

▶では、ロールプレイをしてみよう。
⇒シグナル音の後に続けて、I have a lot of ... で会話をスタートする。

A : I have a lot of work to do.

B : ①Leave it for later.

A : I really need to finish it this week.

B : You shouldn't work so hard.

A : I have a good reason.

B : What's that?

A : I'm going on a big trip next week.

B : Really? ②Where to?

A : I'm planning to go to Fiji to learn scuba diving.

B : ③Lucky you. Get back to work, then.

▶和訳は176ページ

① leave は「残しておく」の意。
② Where to? は「どこへ」と同じ語順になっている。
③ Lucky you. は「ラッキーね」「うらやましい」などの意味になる。

Step 5 ● チェック

次の日本語を英語で言ってみよう。

1 時間とお金を無駄にしたくないんだ。
2 かけなくちゃならない電話がいっぱいある。
3 彼女は英語を勉強しにアメリカに行く。
4 アドバイスをしてほしいと彼から電話があった。

解答

1 I don't want to waste time and money.
2 I have a lot of calls to make.
3 She'll go to the United States to study English.
4 He called me to ask for some advice.

UNIT 16

使用頻度の高いtoo ... toと It ... toの使い方の基本

Step 1 ● ウォームアップ

イラストと場面説明から状況をイメージ。
▶ヒントを参考にして「　」内の日本語を英語で言ってみる。

モノローグの場面

長い一日が終わり、いざ夕食の準備。
しかし、とてもその気になれない。

●

「疲れちゃって、今夜は料理できないわ」

●

「時には外食するのも楽しいわよね」

「疲れちゃって…できない」は too tired to ...
「…するのは楽しい」は It's fun to ... を使う。

Step 2 ● レッツ・プラクティス

まず、音声を聞いて、too ... to と It ... to がどのように使われているのかを確認する。
次に、英文の意味を理解した上で、アドバイスを参考に音読してみよう。

Gee. It's been a long day.	あー、長い一日だったわ。
I'm **too** tired **to cook** tonight.	疲れちゃって、今夜は料理作れないわ。
But the kids are hungry.	でも、子供達はお腹空いてるでしょうし。
Let's take them out to dinner.	外に食べに連れて行きましょう。
It's fun **to eat** out sometimes.	時には外食するのも楽しいわよね。

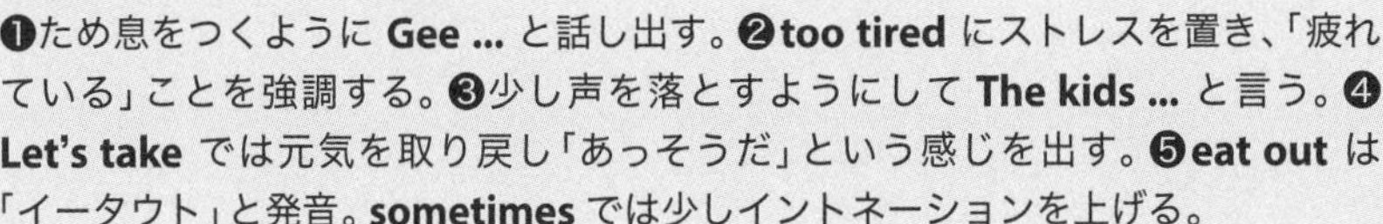

音読アドバイス

❶ため息をつくように **Gee ...** と話し出す。❷**too tired** にストレスを置き、「疲れている」ことを強調する。❸少し声を落とすようにして **The kids ...** と言う。❹ **Let's take** では元気を取り戻し「あっそうだ」という感じを出す。❺**eat out** は「イータウト」と発音。**sometimes** では少しイントネーションを上げる。

注 Gee.「あーあー(驚き、喜び、落胆などを表す。[dʒiː]と発音する)」。take ... out to ～「…を～に連れて行く」。

「前置き」をして から「説明」 する構文とは？

Step 3 ● 英文法キーポイント

否定の意味を表すtoo ... to、コメントする際に便利なIt ... to。使用頻度の高い２つのtoの使い方をここで説明しよう。

I'm too tired to cook tonight.

▶「前置き（否定）」＋「説明（…するには）」

tooの意味は「…過ぎる」。toは「…するには（目的）」を表す。例文の意味は、「今夜、料理するには疲れ過ぎている」。これで「疲れて料理できない」と否定の意味になる。**tooの部分で前置きをし、toでその内容を具体的に示す**。この基本的な流れを例文で確認しておこう。

He's too young to go camping. まず、**「彼は幼な過ぎるんだな」と前置きをし、それに続けてto go campingで「キャンプに行くにはね」と具体的に説明**。これで「彼は幼いからキャンプに行くのは無理だね」となる。

It's fun to eat out sometimes.

▶「前置き」＋「説明（…するのは）」

It ... toも基本的な流れはtoo ... toと同じ。前半で「前置き」、後半で「説明」のパターン。この構文に否定の意味はない。例文を挙げて、使い方の基本を確認しておこう。

①It's fun to eat out sometimes. **出だしの部分で「それって楽しいよね」と言い、to以下で「ときどき外食するのは」とItの内容を明確にしている**。このtoは名詞（～すること）の働きをしている。②これはTo eat out sometimes is fun.と言えることからもわかる。

超 コメント

① 「面白い」と聞くとすぐにinterestingを思い浮かべるのではないか。知的興味を引くような面白さはinteresting、「楽しい」の意味での「面白い」はfun（名詞）を使う。「とっても面白いこと」はa lot of funと言う。

② To eat out sometimes is fun.は文法的に誤りはないが、To eat ...がis funに比べて長い。実際にはIt's fun ...の方が好んで用いられる。「頭でっかちの文を嫌う」。これも英語の特徴の１つ。

Step 4 ● バーチャル・エクササイズ ダイアログ/ロールプレイ

▶まずはダイアログ(会話)の流れを確認。

疲れてしまって、とても夕食の準備をする気になれない。しかし、子供達はお腹をすかしている。相談をして外食をすることに。

みなさんのパートはA!

▶では、ロールプレイをしてみよう。
⇒シグナル音の後に続けて、Gee ... で会話をスタートする。

A : Gee. It's been a long day.

B : Uh-huh. ①What's for dinner?

A : I'm too tired to cook tonight.

B : Well, I can't cook.

A : But the kids are hungry.

B : What should we do?

A : Let's take them out to dinner.

B : Sure. ②Why not?

A : It's fun to eat out sometimes.

B : You're right. We haven't eaten out in months.

▶和訳は176ページ

① What's for dinner? で「夕食は何?」の意。もちろん、dinner だけでなく breakfast、brunch「遅い朝食」、lunch にも使える。
② Why not?「なぜ連れて行かないのか?」。これで「連れて行こう」の意味になる。

Step 5 ● チェック

次の日本語を英語で言ってみよう。

1 彼女は細過ぎてあのドレスは着られないね。
2 遠くにいたので彼女のことが聞こえなかった。
3 ほうれん草を食べるのは体にいい。
4 ごめんなさいと言うのはいつでも難しいよ。

解答
1 She's too slim to wear that dress.
2 I was too far away to hear her.
3 It's good for your health to eat spinach.
4 It's always difficult to say you're sorry.

UNIT 17
「動詞＋-ing」のもう1つの使い方

Step 1 ● ウォームアップ  今ある実力をチェック

イラストと場面説明から状況をイメージ。
▶ヒントを参考にして「　」内の日本語を英語で言ってみる。

モノローグの場面　手品を見た後で、ことわざが思い浮かぶ。

●
「いいマジックショーを見るのって楽しいわね」
●
「百聞は一見にしかずって言うけど」
●
「でも、手品のトリックの場合は、見ると騙されちゃうのよね」

「…するのは楽しい」enjoy ... ing、「百聞は一見にしかず」Seeing is ...、
「手品のトリックの場合」with magic tricks、「騙される」はbe deceived を使う。

Step 2 ● レッツ・プラクティス

モノローグ

まず、音声を聞いて、「動詞＋-ing」がどのように使われているのかを確認する。
次に、英文の意味を理解した上で、アドバイスを参考に音読してみよう。

What a great magic trick!	手品のトリックすごかったわね！
He made a woman disappear.	女の人消しちゃうんだから。
I **enjoy watching** a good magic show.	いいマジックショーを見るのって楽しいわね。
They say **seeing** is **believing.**	百聞は一見にしかずって言うけど。
But with magic tricks, **seeing** is **being deceived.**	でも、手品のトリックの場合は、見ると騙されちゃうのよね。

音読アドバイス

❶**What a**「ワラ」に続けて、一語一語をハッキリと発音し、驚きを表す。❷**disappear** を際立たせるように言い「消えた」を強調。❸**I enjoy ...** は落ち着いた調子で言う。❹**say**、**seeing**、**believing** にストレスを置く。❺**But with** は「バッウイズ」と軽く言い、**seeing**、**being**、**deceived** はしっかりと発音する。

注 What a great magic trick! の後には it was が省略されている。They say は「人は（皆は）…と言っている」の意。

Step 3 ● 英文法キーポイント

動詞に-ingをつけると名詞の働きをする。ここでは動名詞を目的語として取る動詞と動名詞自体の基本的使い方をチェック。

I enjoy watching a good magic show.

▶動名詞を目的語に取る動詞 — enjoy、finish、mindなど

①②**目的語として「to＋動詞」ではなく「動詞＋-ing」を取る動詞がある。** enjoyがその1つ。enjoy ...-ingで「…するのを楽しむ」の意味を表す。参考のために、他の動詞の例をいくつか挙げておこう。

例 ● I'll finish cooking dinner soon.
「もうじき夕食できるから」

● Would you mind turning on the air conditioner?
「クーラーをつけていただけますか？」

● I dislike being disturbed when working.
「仕事中に邪魔されるのとっても嫌なんだよね」

They say seeing is believing.

▶単独で主語などにも使える「動詞＋-ing」

Seeing is believing.では、seeingとbelievingが名詞として、「みること」、「信じること」という意味を表す。**「動詞＋-ing」は、動詞の目的語ばかりではなく、単独でも使える。** また、Seeing is being deceived.のように、**being deceived「騙されること」と受け身で動名詞にもできる。**（上の例文中のbeing disturbedも同様）。

超 コメント

① likeやloveのように「to＋動詞」、「動詞＋-ing」両方とも目的語に取る動詞もある。
例 I like to swim. / I like swimming.

② 「to＋動詞」、「動詞＋-ing」（目的語）で意味が異なる場合もある。rememberやforgetがそうである。
例 I remember to call / calling him first thing in the morning.「忘れずに朝一番で彼に電話しなくては / 朝一番で彼に電話したの覚えてるよ」。

モノローグをまるごと利用

Step 4 ● バーチャル・エクササイズ

▶まずはダイアログ（会話）の流れを確認。

手品を見て友人とトリックについて考えてみるが、どうやったのかその仕掛けはわからない。そこでことわざをもじってコメントを一言。

みなさんのパートはA！

▶では、ロールプレイをしてみよう。
⇒シグナル音の後に続けて、What a great magic trick! で会話をスタートする。

A : What a great magic trick!

B : It sure looked real.

A : He made a woman disappear.

B : I wonder how he did that.

A : I enjoy watching a good magic show.

B : Me too.

A : They say seeing is believing.

B : That's what people say.

A : But with magic tricks, seeing is being deceived.

B : That's ①one way to put it.

▶和訳は176ページ

① one way to put it の put は「言う、表現する」の意。

Step 5 ● チェック

次の日本語を英語で言ってみよう。

1 趣味は読書とロックを聞くことです。
2 毎週週末にゴルフを楽しんでいます。
3 食べ過ぎはよくないよ。
4 カラオケで歌うのはとっても楽しいよね。

解答

1 My hobbies are reading and listening to rock music.
2 I enjoy playing golf every weekend.
3 Eating too much is bad for you.
4 Singing karaoke is a lot of fun.

UNIT 18

動詞を形容詞に変身させる -ingと -edの使い分け

Step 1 ● ウォームアップ 今ある実力をチェック

イラストと場面説明から状況をイメージ。
▶ヒントを参考にして「　」内の日本語を英語で言ってみる。

モノローグの場面

噂のアクション映画を見に行った。しかし。あまりの退屈さに途中であきてしまう。
映画館のロビーで思わず一言。

●
「なんて退屈な映画なの！」

●
「みんな興奮する映画だって言ってたけど」

●
「全然ハラハラドキドキしなかったわ」

ヒント！

「退屈な」は boring、「興奮する」は exciting、
「ハラハラドキドキする」は thrilled を使う。

Step 2 ● レッツ・プラクティス

まず、音声を聞いて、-ing と -ed がどのように使われているのかを確認する。
次に、英文の意味を理解した上で、アドバイスを参考に音読してみよう。

What a **boring** movie!　なんて退屈な映画なの！

Everybody said it was **exciting**.　みんな興奮する映画だって言ってたけど。

I wasn't **thrilled** at all.　全然ハラハラドキドキしなかったわ。

I just felt **bored**.　ただ退屈しただけよ。

Action movies are all the same.　アクション映画はどれも一緒よ。

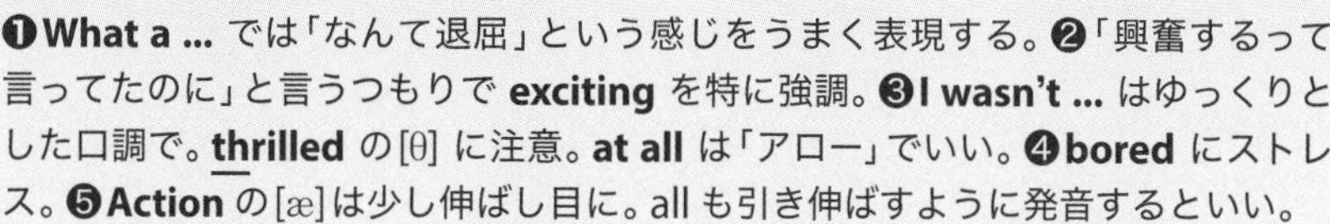

音読アドバイス

❶**What a ...** では「なんて退屈」という感じをうまく表現する。❷「興奮するって言ってたのに」と言うつもりで **exciting** を特に強調。❸**I wasn't ...** はゆっくりとした口調で。**thrilled** の[θ] に注意。**at all** は「アロー」でいい。❹**bored** にストレス。❺**Action** の[æ]は少し伸ばし目に。all も引き伸ばすように発音するといい。

注 What a boring movie! の後には it was が省略されている。

Step 3 ● 英文法キーポイント

動詞を形容詞として使う用法があります

知っているようで知らないのが、-ing（例：boring）と-ed（例：bored）の違い。ここで動詞を形容詞に変身させる-ingと-edの使い分けのポイントを解説しよう。

What a boring movie!

▶ -ing ― 意見・判断

I just felt bored.

▶ -ed ― 気持ち・心理状態

動詞 boreは「退屈させる」という意味。これに**-ingをつけて boring にすると、What a boring movie!、また、-edをつけると、I just felt bored. のように形容詞として使える**。両者の違いはどこにあるのか。理屈より実例を見た方が理解しやすいだろう。次の英文を見てほしい。

例 (1) The movie was exciting.　「興奮する映画だった」
I was excited by the movie.　「映画を見て興奮した」
(2) His new book is interesting.　「彼の新作は面白い」
I'm interested in his new book.　「彼の新作に興味がある」

-ingで映画や本について「どう思うのか（意見・判断）」、-edで「どう感じているのか（気持ち・心理状態）」を述べている。

ここで初めの２つの英文に戻ろう。**boringで「つまらない（映画だ）」と自分の考えを、boredで「飽きてしまった」とその時の気持ちを言っている**。boredの場合は、The movie bored me.がI was/felt bored by the movie.と受け身になったと考えればいい。I felt bored.の意味は「退屈させられた」＝「退屈した」となる。これは他の-ed 形容詞にもあてはまる。

超 コメント

［よく使われる-ingと-edの例］

- surprising「驚くような」―― surprised「驚いた」
- disappointing「がっかりさせるような」―― disappointed「がっかりした」
- confusing「混乱させる」―― confused「混乱した」
- shocking「衝撃的な」―― shocked「衝撃（ショック）を受けた」

Step 4 ● バーチャル・エクササイズ ダイアログ／ロールプレイ

▶まずはダイアログ（会話）の流れを確認。

前評判の割には大したことのなかったアクション映画。見ている途中で飽きてしまった。しかし、一緒に見た友人はそうは思っていない。

みなさんのパートはA！

▶では、ロールプレイをしてみよう。
⇒シグナル音の後に続けて、What a ... で会話をスタートする。

A : What a boring movie!

B : You thought it was boring?

A : Everybody said it was exciting.

B : ①It was.

A : I wasn't thrilled at all.

B : I can't believe that.

A : I just felt bored.

B : ②How can you say that?

A : Action movies are all the same.

B : ③Not all of them.

▶和訳は176ページ

① It was. の後には exciting が省略されている。
② How can you say that? の that は前の I just felt bored. を受ける。
③ Not all of them.「全部がそうではない＝中には面白いものもある」と言っている。

Step 5 ● チェック

次の日本語を英語で言ってみよう。

1 昨日はとってもハラハラする試合だったね。
2 彼のしたことは別に驚くことではない。
3 その知らせに皆ショックを受けた。
4 死ぬほど退屈だった。

解答
1 The game yesterday was so exciting.
2 What he did isn't really surprising.
3 We were all shocked at the news.（... shocked to hear the news. でもいい）
4 I felt bored to death.

UNIT 19

「動詞＋-ing」を使って状況を説明する

Step 1 ● ウォームアップ　今ある実力をチェック

イラストと場面説明から状況をイメージ。
▶ヒントを参考にして「　」内の日本語を英語で言ってみる。

モノローグの場面　ラジオを聞きながら勉強をしている息子を見て、つい文句を言ってしまう。

●
「ラジオを聞きながら何してるんだい？」
●
「静かに座って勉強すればいいのに」

「ラジオを聞きながら」、「静かに座って」は、それぞれ listening to the radio、sitting quietly を使う。

Step 2 ● レッツ・プラクティス

モノローグ

まず、音声を聞いて、「動詞+-ing」がどのように使われているかを確認する。
次に、英文の意味を理解した上で、アドバイスを参考に音読してみよう。

What are you doing,
listening to the radio?

ラジオを聞きながら何してるんだい？

You're supposed to be
studying.

勉強してるはずだろ。

It looks like you're just
enjoying that rock music.

ただロックを楽しんでるようにしか見えないけど。

How can you think
with the music so loud?

そんなに大きな音で聞いてて考えられるわけないだろ？

I think you should study,
sitting quietly.

静かに座って、勉強すればいいのに。

音読アドバイス

❶**What are you doing** は1つの語のつもりで「ワラユードウーイン」。この後に軽くポーズ。**radio** でイントネーションを上げ、あきれている感じを出す。❷**supposed**、**studying** にストレス。❸**It looks like ...** では「おいおい」という調子で話を続ける。❹**How**、**think**、**music**、**loud** を強調。❺**I think ...** は落ち着いた調子でアドバイスするように言う。**quietly** では少し声を落とすといい。

注 be supposed to ...「…することになっている」の意。

つけ足しの分詞構文で状況を説明できます

Step 3 ● 英文法キーポイント

「動詞＋-ing」のもう１つの使い方。それが分詞構文である。ここでは、日常会話でよく使われるつけ足しの分詞構文に焦点を当てる。

What are you doing, listening to the radio?
I think you should study, sitting quietly.

▶ 状況説明「ながら」のing

分詞構文と聞くと、文の初めに-ingを使った英文を思い浮かべるのではないか。例えば、Feeling a little dizzy, I lay down on the bed.「少しめまいがしたので、ベッドに横になった」やNot knowing what to do, I just remained silent.「どうしていいかわからなかったので、黙っていた」など。**しかし、文頭に使う-ing構文は、やや堅い感じがする(文語的)。日常会話では、この構文を文末に使う頻度の方がはるかに高い**。その点を心に留めておこう。

①文末に「動詞＋-ing」を使うとどのような意味を表すのか、ここで説明しておこう。まず、上の２つの例文を見てほしい。**listening ...、sitting ...で「…しながら」という意味を表す**。次の３つの例文の場合も同様。

例
- She was crying, watching the video.
  「彼女はビデオを見ながら泣いていた」
- He was taking a shower, humming to himself.
  「鼻歌を歌いながら彼はシャワーを浴びていた」
- What are you doing, crunching so loudly?
  「そんなにポリポリ大きな音を立てて、何を食べてるの？」

②**文末の分詞構文は「状況説明の-ing」ともいうべき働きをする**。

超 コメント

① 文脈によっては、The Nozomi will leave here soon, arriving at Tokyo at about five.「のぞみはもうすぐ出発して、東京に５時ごろ到着します」のように、「そして～する」という意味を表す。
② Generally speaking「一般的に言って」、Frankly speaking「率直に言えば」、Strictly speaking「厳密に言えば」、Psychologically speaking「心理学的に言えば」などは、文頭に使われる言い回し(独立分詞構文)。

Step 4 ● バーチャル・エクササイズ

ダイアログ／ロールプレイ

▶まずはダイアログ（会話）の流れを確認。

勉強をしていると思いきや、部屋を覗いてみると、ラジオに聞き入っているではないか。そんな息子に「ながら族」はやめた方がいいと一言。

みなさんのパートはA！

▶では、ロールプレイをしてみよう。
⇒シグナル音の後に続けて、What are you doing ... で会話をスタートする。

A : What are you doing, listening to the radio?

B : I'm doing my homework.

A : You're supposed to be studying.

B : I am studying.

A : It looks like you're just enjoying that rock music.

B : I always study ①with the radio on, Dad.

A : How can you think with the music so loud?

B : Rock ②helps me ③focus my mind.

A : I think you should study, sitting quietly.

B : I tried that once. It was boring.

▶和訳は176ページ

① with the radio on で「ラジオのスイッチを入れた状態で」の意。
②「help ＋人＋動詞」の構文では、動詞の前の to（不定詞）が省略される場合が多い。
③ focus は「集中させる」の意。

Step 5 ● チェック

次の日本語を英語で言ってみよう。

1 あいつあんなに（車を）飛ばしてどこへ行くんだい？
2 そんなに煙草を吸って、体によくないよ。
3 夕食の前にアイスクリームなんか食べて何してるの？
4 ケーキとフォークを持ってパーティーに行くわ。

解答

1 Where is he going, driving so fast?
2 You're ruining your health, smoking so much.（ruin「害する、駄目にする」の意）
3 What are you doing, eating ice cream before dinner?
4 We're coming to the party, bringing cake and forks.

UNIT 20 基本的使い方は押さえておきたいa(an)とthe

Step 1 ● ウォームアップ 今ある実力をチェック

イラストと場面説明から状況をイメージ。
▶ヒントを参考にして「　」内の日本語を英語で言ってみる。

モノローグの場面　ハンバーガーショップで、店員の「いらっしゃいませ」の声に促され、注文する。

●
「えーと、チーズバーガーにフライドポテトのスモール」
●
「そして彼は、ランチスペシャル」

cheeseburger、small fries、lunch special の前には a、the のどちらをつけるべきか。
「ランチスペシャル」は今キャンペーン中のメニュー。

Step 2 ● レッツ・プラクティス

モノローグ

まず、音声を聞いて、a、the がどのように使われているのかを確認する。
次に、英文の意味を理解した上で、アドバイスを参考に音読してみよう。

Um ... I'll have **a** cheeseburger and **a** small fries.	えーと、チーズバーガーにフライドポテトのスモール。
Also, **a** large Coke.	それにラージコーク。
And he wants **the** lunch special.	そして彼は、ランチスペシャル。
I think that'll be it.	それだけです。
It's to go.	持ち帰りにしますから。

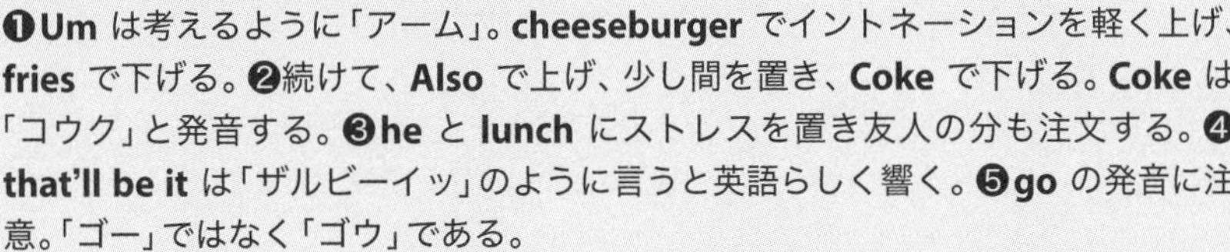

音読アドバイス

❶**Um** は考えるように「アーム」。**cheeseburger** でイントネーションを軽く上げ、**fries** で下げる。❷続けて、**Also** で上げ、少し間を置き、**Coke** で下げる。**Coke** は「コウク」と発音する。❸**he** と **lunch** にストレスを置き友人の分も注文する。❹**that'll be it** は「ザルビーイッ」のように言うと英語らしく響く。❺**go** の発音に注意。「ゴー」ではなく「ゴウ」である。

注 I think that'll be it. は I think that's it/all. でもいい。It's to go. で「持ち帰り」の意。

冠詞の使い分けのポイントを押さえましょう

Step 3 ● 英文法キーポイント

冠詞(a、the)の使い分けはなかなか難しい。せめて基本的な用法は押さえておきたい。ここでは食べ物・飲み物に焦点を当て、冠詞の使い方のポイントを解説。

I'll have a cheeseburger and a small fries. Also, a large Coke.

▶メニュー品目のa

cheeseburgerにaがつくのは理解できるだろう。しかし、複数形のfriesにa？　液体(数えられない)はa glass of ...やa cup of ...の形のはずなのにa Coke？

ここで登場するのが「メニュー品目」という考え方。fries(French fries「フライドポテト」)もCokeもハンバーガーショップで商品として販売されている。**このような場合には、一つ一つの品目として扱われ、an apple pie、a green salad、a milk、a coffee、a chocolate shakeのようにaがつく。「〜を2つ」と注文する時には、two Cokes、two coffees**と言う。

And he wants the lunch special.

▶共通認識のthe

①**theを使う際の基本となるのが「共通認識(お互いにわかっている、知っている)」。**例えば、行きつけの店で、「いつものサンドイッチをお願いします」と注文する場合、相手もそのサンドイッチを知っているので、I'll have the usual sandwich.とtheをつけて言う。このthe usual sandwichはthe sandwich I usually orderの意味。**お互いに「それ」が何であるかわかっている場合にはtheを使う**。

さて、上の例文では、なぜthe lunch specialなのか。90ページのヒントにある「キャンペーン中のメニュー」がポイント。そのチェーン店は、テレビで「ランチスペシャル」を宣伝し、店内には、目立つようにポスターが貼られている。**「今キャンペーン中のあのランチスペシャル」の意味でtheをつけたのである。**

超 コメント

①レストランでメニューを見ながら、I'd like the steak dinner with mashed potatoes.「ステーキディナーにマッシュポテトをつけてください」と注文。この場合のtheは「メニューに載っているこの〜」の意味。

モノローグをまるごと利用

Step 4 ● バーチャル・エクササイズ ダイアログ／ロールプレイ

▶まずはダイアログ（会話）の流れを確認。

注文する順番が回ってきた。何にしようかなと少し考えながら友人の分も一緒に注文する。

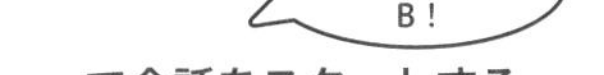

▶では、ロールプレイをしてみよう。
⇒シグナル音の後のMay I help you? に続けて、Um ... で会話をスタートする。

A : May I help you?

B : Um ... I'll have a cheeseburger and a small fries.

A : Cheeseburger and small fries.

B : Also, a large Coke.

A : And a large Coke.

B : And he wants the lunch special.

A : Will that be all, sir?

B : I think that'll be it.

A : Okay, and ①is it for here or to go?

B : It's to go.

▶和訳は176ページ

① Is it for here or to go? は「こちらで召し上がりますか、それともお持ち帰りですか？」という意味の決まり文句。

Step 5 ● チェック

次の日本語を英語で言ってみよう。

1 チーズバーガーを２つにオレンジジュース、それにコーヒー２つ。
2 グリーンサラダはありますか？
3 僕はいつものスパゲッティね。
4 〈メニューを見て〉ステーキディナーがおいしそうだね。

解答

1 We'll have two cheeseburgers, an orange juice, and two coffees.
2 Do you serve/have a green salad?（serve は「出す」の意）
3 I'll have the usual spaghetti.
4 The steak dinner looks good.

UNIT 21 電車の話題で学ぶ冠詞theの使い方

Step 1 ● ウォームアップ  今ある実力をチェック

イラストと場面説明から状況をイメージ。
▶ヒントを参考にして「　」内の日本語を英語で言ってみる。

モノローグの場面　突然英語で東京駅までの行き方を聞かれる。あわてずにわかりやすく説明する。

●
「東京駅に行くには、まず、新宿に出る必要があります」
●
「ここからなら、丸の内線に乗って新宿に行って下さい」
●
「それから中央線に乗り換えます」

出だしは To get to Tokyo Station で始め、「ここからは」は From here。「～線」「～駅」には冠詞の the をつける必要があるか考える。「乗り換える」は switch to を使う。

Step 2 ● レッツ・プラクティス

モノローグ

まず、音声を聞いて、the がどのように使われているのかを確認する。
次に、英文の意味を理解した上で、アドバイスを参考に音読してみよう。

To get to **Tokyo Station**,
you have to go to **Shinjuku** first.

東京駅に行くには、
まず、新宿に出る必要があります。

From here, take **the Marunouchi Line**
to **Shinjuku Station.**

ここからなら、丸の内線に乗って新宿に行って下さい。

Then you switch to **the Chuo Line.**

それから中央線に乗り換えます。

That's **the orange train.**

オレンジ色の電車です。

It leaves from **Track 8**,
and Tokyo is four stops away.

8 番線の電車です。
東京は4つ目の駅ですから。

音読アドバイス

❶ゆっくりとした調子で説明を始める。まず、キーワードとなる **Tokyo**、**Shinjuku**、**first** を強調する。❷❸同じように、**here**、**Marunouchi**、**Shinjuku**、**Then**、**switch**、**Chuo** にストレスを置く。❹**orange** の前の **the** は [ði] と発音し、**orange** を強調する。❺相手が間違えないように、数字 **8** と **4** は、はっきりと丁寧に言う。

注 乗り換える」は switch to の他に、transfer to（路線名）や change trains at（駅名）を使ってもいい。
away は「離れている、向こう」の意。

Step 3 ● 英文法キーポイント

ごく身近な話題であるはずの「電車の乗り(継ぎ)方」を英語で説明するとなると、「駅名にはtheが必要なのか、路線名はどうなのか」と急に自信がなくなる。以下の解説を読めば、とまどわずに説明できるようになるだろう。

To get to Tokyo Station, you have to go to Shinjuku first.

▶駅名 — theなし

地名にはもちろんtheをつける必要はない。「～駅」はどうだろう。地名の後にそのままStationを続ける。これで1つ問題が解決。

From here, take the Marunouchi Line to Shinjuku Station.

▶路線名 — theをつける

次は、路線名。**路線名にはtheをつけると覚えておこう**。the Marunouchi Line、the Yamanote Line、the Tokaido Lineなど。

It leaves from Track 8, and Tokyo is four stops away.

▶番線名 — theなし

残るは、「～番線」。**これはtheをつけずにTrack 8。Trackの代わりにPlatformも使える**。「5番線から出る箱根行き(bound for Hakone)の小田急線に乗って」を英語で言うと……、Take the Odakyu Line bound for Hakone from Track/Platform 5.

超 コメント

中央線の電車を説明する際に、That's the orange train.とtheがついていたのは、すでにthe Chuo Lineが話題に上っているからである。
参考のために電車の車両に関する表現をいくつか挙げておく。get on the first car of the train「先頭の車両に乗る」、the last car of the train「一番後ろの車両」、the middle of the train「真ん中の車両」、the second car from the front [rear]「前から[後ろから]2両目」。

Step 4 ● バーチャル・エクササイズ ダイアログ／ロールプレイ

▶まずはダイアログ（会話）の流れを確認。

ダイアログの場面 頭の中で東京までの行き方を確認しながら、利用する路線、乗り換え駅について説明をし、間違えないように乗る電車の色を相手に教える。

みなさんのパートはB！

▶では、ロールプレイをしてみよう。
⇒シグナル音の後の How do I ...? に続けて、To get to ... で会話をスタートする。

A : ①How do I get to Tokyo Station from here?

B : To get to Tokyo Station, you have to go to Shinjuku first.

A : Shinjuku?

B : From here, take the Marunouchi Line to Shinjuku Station.

A : The Marunouchi to Shinjuku. OK.

B : Then you switch to the Chuo Line.

A : Chuo. ②Got it.

B : That's the orange train.

A : Oh, yeah. I've seen that one before.

B : It leaves from Track 8, and Tokyo is four stops away.

▶和訳は177ページ

① この場合の How は「どうやって（方法）」の意。
② Got it. は「わかった」という意味の口語表現。

Step 5 ● チェック

次の日本語を英語で言ってみよう。

1 ３番線の青い電車に乗ってね。
2 渋谷で降りて、井の頭線に乗り換えて。
3 ここからなら、新幹線で新横浜まで行った方がいいですよ。
4 １番線へ行って、先頭の車両に乗って。

解答

1 Take the blue train at Track 3.
2 Get off at Shibuya and switch to the Inokashira Line.
3 From here, you should take the Shinkansen to Shinyokohama.（the Shinkansenは路線名）
4 Go to Track 1 and get on the first car of the train.

UNIT 22

道案内で覚える a と the の使い分け

Step 1 ● ウォームアップ　今ある実力をチェック

イラストと場面説明から状況をイメージ。
▶ヒントを参考にして「　」内の日本語を英語で言ってみる。

モノローグの場面

英語で道案内をする。
相手が迷わないように道順を説明する。

●
「この道を行って…」
●
「それで最初の信号を左…」
●
「マクドナルドが見えますから…」

Just keep walking ... で始める。「最初の信号で」は at the first traffic light、「マクドナルド」は a McDonald's にする。

Step 2 ● レッツ・プラクティス

まず、音声を聞いて、a と the がどのように使われているのかを確認する。
次に、英文の意味を理解した上で、アドバイスを参考に音読してみよう。

Just keep walking down **the street** here.	この道をずっと行って。
Then turn to **the left** at **the first traffic light.**	それで最初の信号を左。
You'll see **a McDonald's.**	マクドナルドが見えますから。
Make **a right** there.	そこで右です。
There'll be **a subway station** on your left.	左側に地下鉄の駅がありますよ。

音読アドバイス

❶**walking down the street** を強調し道順を説明し始める。❷次の文では、**turn**、**left**、**first**、**light** をいい加減な発音にならないように注意。❸**see** と **McDonald's** にストレス。**McDonald's** のアクセントの位置を間違えないように。❹**right** は「ウライト」と言うつもりで発音。**there** の[ð] にも注意したい。❺**There'll be** は「ゼルビー」のような感じで言う。その後、**subway** と **left** にストレスを置く。

注「右（左）に曲がる」は次の４通りの言い方がある。
turn to the right [left]、turn right [left]、make a right [left]、take a right [left]。詳しくは次ページ。

Step 3 ● 英文法キーポイント

aとtheの使い分けは共通認識を元に考えます

道案内をする際によく使う表現でも、aかtheで迷う場合がある。
ここでa、theの使い分けの基本を確認しておこう。

Just keep walking down the street here.
Then turn to the left at the first traffic light.

▶「あの、その、この」のthe

状況から「あの、その、この」が明確な場合(共通認識)、冠詞はaではなくtheを用いる。上の例文では、お互いにどの道を行くかはっきりしているのでthe streetになる。this streetとも言える。「右(左)に曲がる」は、右か、左かわかっているのでto the right [left]とtheをつける。theの代わりにyourも使える。

You'll see a Macdonald's. Make a right there.

▶「1つ、1回」のa

a Macdonald'sのaについて考えてみよう。英文の意味は「マクドナルドが見えますから」。このaは「1つの(店)」という意味を表す。**道順を聞いている相手にとっては、知らない店なので、当然、theではなくaがつく。**

①②次に、a rightはどうか。「右、左」にはtheがつくはずでは？ **このa rightは方向ではなく「1回右に曲がる」という行為。**これがわかれば、make two rightsの意味もすぐに理解できる。「右に2回曲がる」。

① turn right [left]のright [left]は副詞。意味は「右(左)方向へ」。
② makeの代わりにtakeを使ってtake a right [left]とも言える。

モノローグをまるごと利用

Step 4 ● バーチャル・エクササイズ ダイアログ/ロールプレイ

▶まずはダイアログ(会話)の流れを確認。

突然、英語で「地下鉄の駅はどこにあるか」と聞かれる。相手に目印となる場所を示しながら道順をわかりやすく説明する。

みなさんのパートはB!

▶では、ロールプレイをしてみよう。
⇒シグナル音の後のExcuse me ... の文に続けて、Yes. で会話をスタートする。

A : Excuse me. Is there a subway station around here?

B : Yes. Just keep walking down the street here.

A : ①Down this way. OK.

B : Then turn to the left at the first traffic light.

A : A left. All right.

B : You'll see a McDonald's.

A : Do I turn there or go straight?

B : Make a right there.

A : ②A right at McDonald's.

B : There'll be a subway station on your left.

A: Thanks.

▶和訳は177ページ

① Down this way. の前には Walk あるいは Go が略されている。
② A right at McDonald's の前に Make あるいは Take を補って考える。また、すでに a McDonald's で前に出ているので、ここでは at the McDonald's と言いたいところだが、この場合、the はよく省略される。

Step 5 ● チェック

次の日本語を英語で言ってみよう。

1 あそこに白いビルが見えますよね?
2 そこまで行って、右に曲がってください。
3 そして最初の角を左。
4 右側に郵便局があります。

1 See the white building over there?
2 Go there and turn right.(turn right = turn to the right, make/take a right)
3 Then turn left at the first corner.
4 There's / There will be a post office on the right.

UNIT 23

日時と場所を表す前置詞の使い方

Step 1 ● ウォームアップ

イラストと場面説明から状況をイメージ。
▶ヒントを参考にして「　」内の日本語を英語で言ってみる。

モノローグの場面　友人に電話をかけ、待ち合わせの約束をする。

●
「火曜日の午後に会わなくちゃね」

●
「2 時までに僕のオフィスに来られるかな？」

●
「もし無理なら、いつもの喫茶店に5時っていうのはどう？」

Tuesday afternoon の前に来る前置詞は in ではない。「来られる」は Can you be ...?で言い始める。「2時までに」は by two でいい。「もし無理なら… はどう」は If not, how about ...、「いつもの」は the を使う。

Step 2 ● レッツ・プラクティス

まず、音声を聞いて、on、in、by、at がどのように使われているのかを確認する。
次に、英文の意味を理解した上で、アドバイスを参考に音読してみよう。

We have to meet
on Tuesday afternoon.

火曜日の午後に会わなくちゃね。

Can you be **in** my office **by** two?

2時までに僕のオフィスに来られるかな？

If not, how about
at the coffee shop **at** five?

もし無理なら、いつもの喫茶店に5時っていうのはどう？

No, wait.
I'll be busy **in** the early evening.

いや、ちょっと待てよ。夕方の早い時間帯は忙しいんだ。

Let's make it my house **at** nine.

僕の家に9時にしよう。

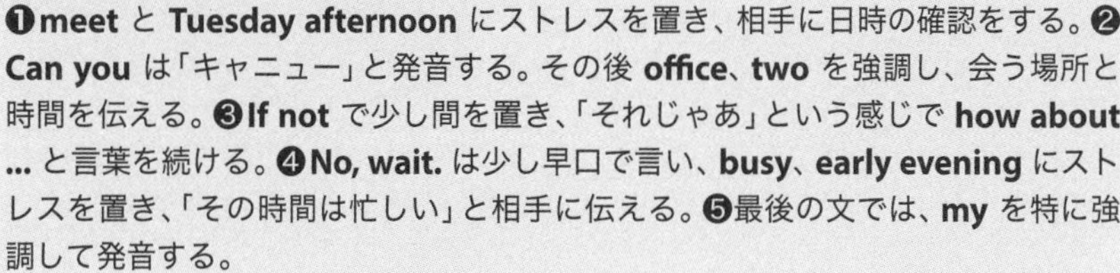

音読アドバイス

❶**meet** と **Tuesday afternoon** にストレスを置き、相手に日時の確認をする。❷**Can you** は「キャニュー」と発音する。その後 **office**、**two** を強調し、会う場所と時間を伝える。❸**If not** で少し間を置き、「それじゃあ」という感じで **how about ...** と言葉を続ける。❹**No, wait.** は少し早口で言い、**busy**、**early evening** にストレスを置き、「その時間は忙しい」と相手に伝える。❺最後の文では、**my** を特に強調して発音する。

注 If not は If you can not be in my office by two を省略した言い方。
make it ... この it は the meeting time and place のこと。それを (at) my house at nine にしようと言っている。

Step 3 ● 英文法キーポイント

inは「…の中」、atは「地点」を表します

時と場所を表すon、in、at、byなどの使い方の基本をここで再確認しておこう。

We have to meet on Tuesday afternoon.
I'll be busy in the early evening.

▶日、時を表す前置詞：in、on、at、by

「火曜日の午後」と聞くと、in the morning、in the afternoon、in the eveningからの連想で、*in Tuesday eveningと言ってしまいがち。**「いついつの夕方(晩)」は日付や曜日(例：on July 4th、on Saturday)と同様、on Tuesday eveningと前置詞onを使う。**

[1]early、lateと組み合わせたin the early [late] eveningやearly [late] in the eveningのような言い方もあるので一緒に覚えておくといい。[2][3]時に関するatとbyについては「[超]コメント」参照。

Can you be in my office by two?
If not, how about at the coffee shop at five?

▶場所を表す前置詞：in、at

inは「中」、atは「地点」。上の例文の場合、at [in] the coffee shopとどちらも使えるが、意味に違いが生じる。**atの場合、「喫茶店(の前)で」、「喫茶店の中で」という2つの可能性がある。inを使うと、待ち合わせ場所は必ず「喫茶店の中」になる。**

超 コメント

① 「上旬、中旬、下旬」はin early July、in mid-July、in late Julyなどのように言う。「中旬」の場合、mid-Julyとハイフンがつく。
② 具体的に時刻を表すにはat twoやat three-thirtyのようにatを使う。「～時ごろ」と言いたければat about twoとaboutをつける。
③ byとuntilの意味は「…まで」。両者には次の違いがある。
(a) I'll be there by two.「2時までにはそこに着きます(完了)」
(b) I'll be there until two.「2時までそこにいます(継続)」

「*」印 ⇒ 正しくない英文(間違った言い回し)

Step 4 ● バーチャル・エクササイズ ダイアログ／ロールプレイ

▶まずはダイアログ（会話）の流れを確認。

急用のため友人に会わなくてはならない。電話をかけ、待ち合わせの時間を決めようとするが……

みなさんのパートはA！

▶では、ロールプレイをしてみよう。
⇒シグナル音の後に続けて、We have to ... で会話をスタートする。

A : We have to meet on Tuesday afternoon.

B : That's right.

A : Can you be in my office by two?

B : Sorry. Two is no good for me.

A : If not, how about at the coffee shop at five?

B : I think I ①can do that.

A : No, wait. I'll be busy in the early evening.

B : How about at night?

A : Let's make it my house at nine.

B : That sounds good.

▶和訳は177ページ

① can do that で「それなら大丈夫だ」の意味。

Step 5 ● チェック

次の日本語を英語で言ってみよう。

1 金曜日の午後は空いてるかな？
2 3時までに歯医者に行かなくちゃ。
3 7月の中旬に休暇を取るんだ。
4 彼はあと1年は東京にいるだろう。

解答

1 Will you be free on Friday afternoon?
2 I have to be at the dentist's by three.
3 I'll take a vacation in mid-July.
4 He'll be in Tokyo for another year.

UNIT 24 「なんて…」「とっても…」などを表現する感嘆文3つの基本

Step 1 ● ウォームアップ

イラストと場面説明から状況をイメージ。
▶ヒントを参考にして「　」内の日本語を英語で言ってみる。

モノローグの場面 友人の新築したばかりの家に招待される。中に入ってその素晴らしさに驚き、刈り込んだ芝生を見てため息が漏れる。

●
「いいお住まいですね」

●
「なんてきれいな芝生！」

●
「大変でしょうね
（きれいにしておくのは）」

まず、「いい家を持ってますね」と言い換えてみる。「なんて…」は What ... を使い、「芝生」は lawn。「大変でしょうね」は How で始め、主語はとりあえず that にする。

Step 2 ● レッツ・プラクティス　モノローグ

まず、音声を聞いて、What と How などがどのように使われているのかを確認する。
次に、英文の意味を理解した上で、アドバイスを参考に音読してみよう。

Wow! **Nice house you have here!**	わー、素敵なお住まいですね！
And **what a beautiful lawn!**	それにきれいな芝生！
I've always wanted to live in a house like this.	私もこういう家に住みたいなってずっと思ってたんです。
But you have to keep it clean.	でもきれいにしてなくちゃいけないから。
How hard that must be!	大変でしょうね！

音読アドバイス

❶**Wow** を引き伸ばすように言い、**Nice house ...** とコメント。**here** で十分にイントネーションを下げる。❷**what a ...** では **beautiful** を際立たせるように発音し「芝生の美しさ」を強調する。❸**always**、**live**、**house**、**this** にストレスを置き、リズムに乗って話を続ける。❹**keep**、**clean** を強調し、「掃除大変でしょ」という感じを出す。❺**How hard ...** では **hard** と **be** にストレスを置く。

注 have always wanted to ...「…したいとずっと思っていた（現在に至る）」の意。

Step 3 ● 英文法キーポイント

驚きや感動、失望などを表す時に使う感嘆文。
ここでは基本となる３つの表現パターンを確認しておこう。

Nice house you have here!

▶基本形 ― 形容詞＋名詞（＋you have here）

「いいね」、「素晴らしい」はNice!、Wonderful!と言う。その後に名詞を続ける場合、Nice room!「いい部屋だね！」、Wonderful view!「素晴らしい眺めだね！」のように冠詞のaは不要。例文にあるyou have here [there]「持ってますね」をつけ足す言い回しも感嘆文の１つのパターンとして覚えておこう。

例 ● Nice room you have here!　「いい部屋ですね！」
● ①Cute dog you have there!　「可愛い犬ですね（外にいる犬を見て）！」

What a beautiful lawn!

▶What ― 名詞を強調

「なんて〜だろう」と名詞を強調するにはWhatを使う。日常会話ではWhat a beautiful lawn!のように**it is（主語＋動詞）がよく省略される。形容詞をつけずに、What a surprise!「驚いたな！」とも言う。**

例 ● What a catch!　「よく捕ったな！」　● What an idiot!　「なんて馬鹿なんだ！」
②もう１点。名詞が複数形の場合は、もちろん、aは不要。

例 ● What smart children they are!　「なんて頭のいい子たちなんでしょう！」

How hard that must be!

▶How ― 形容詞・副詞を強調

形容詞や副詞を強調するには、Howを使う。この場合もWhat同様、**文脈によっては、How beautiful!（形容詞）と「主語＋動詞」を省略する。**副詞を用いた例文も挙げておく。

例 ● How fast that car goes!　「すごく速いね、あの車！」
● How well she sings!　「彼女、歌うのとってもうまいよね！」

超 コメント

① 犬が何匹かいる場合は、Cute dogs you have there!
② Whatの後に数えられない名詞がくる場合は、aをつけずにWhat useful information that is!「それはとても役に立つ情報だよね！」。

モノローグをまるごと利用

Step 4 ● バーチャル・エクササイズ ダイアログ／ロールプレイ

▶まずはダイアログ（会話）の流れを確認。

新築したばかりの素敵な家にきれいな芝生。持ち主も、満足げに話している。しかし、あまりの広さに、手入れが大変だろうなと思わず言ってしまう。

DL48

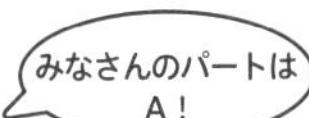

▶では、ロールプレイをしてみよう。
⇒シグナル音の後に続けて、Wow ... で会話をスタートする。

A : Wow! Nice house you have here!

B : Thanks.

A : And what a beautiful lawn!

B : I just ①mowed it yesterday.

A : I've always wanted to live in a house like this.

B : It's my ②dream home, too.

A : But you have to keep it clean.

B : You are right.

A : How hard that must be!

B : A lot of work goes into ③it.

▶和訳は177ページ

① mow「刈る」の代わりに、cut や trim「手入れをする」を使ってもいい。
② dream home とは、文字通り「夢のような家」。
③ この it は keep it clean の意味。

Step 5 ● チェック

次の日本語を英語で言ってみよう。

1 素敵な車を持ってますね！
2 〈素晴らしいプレイを見て〉何てプレーだ！
3 面白いね！
4 とっても幸せでしょうね、彼女！

解答

1 Nice car you have here!
2 What a play!
3 How interesting!
4 How happy she must be!

UNIT 25

英語流 つけ足し疑問文

Step 1 ● ウォームアップ

今ある実力をチェック

イラストと場面説明から状況をイメージ。
▶ヒントを参考にして「　」内の日本語を英語で言ってみる。

モノローグの場面

ボーイフレンドが訪ねて来たので、お昼にスパゲッティを作ることにする。

●
「スパゲッティ作るわ」
●
「ニンニク使ってもいい？」
●
「でも、息が臭くなるかな」

ヒント!

「スパゲッティを作る」はmake the spaghetti、「…してもいい？」は You don't mind if ..., do you?、最後の文は、But it gives you ... , doesn't it? を使う。「臭い息」は breath を使ってどう表現する？

Step 2 ● レッツ・プラクティス

まず、音声を聞いて、文末で do you?、doesn't it? などがどのように使われているかを確認する。
次に、英文の意味を理解した上で、アドバイスを参考に音読してみよう。

I'll make the spaghetti.	スパゲッティ作るわ。
You don't mind if I use garlic, **do you?**	ニンニク使ってもいい？
It's really good for you.	体にいいし。
But it gives you bad breath, **doesn't it?**	でも、息が臭くなるわよね。
I guess we'll both have bad breath, **won't we?**	お互いに臭くなるからいいわね。

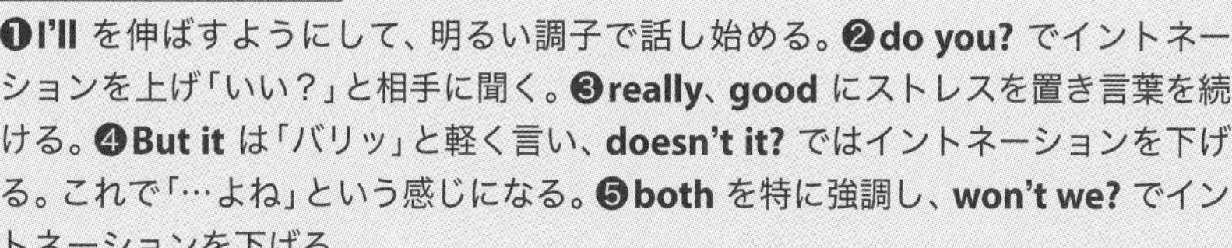

音読アドバイス

❶**I'll** を伸ばすようにして、明るい調子で話し始める。❷**do you?** でイントネーションを上げ「いい？」と相手に聞く。❸**really**、**good** にストレスを置き言葉を続ける。❹**But it** は「バリッ」と軽く言い、**doesn't it?** ではイントネーションを下げる。これで「…よね」という感じになる。❺**both** を特に強調し、**won't we?** でイントネーションを下げる。

注 it gives you ... この it は当然 garlic である。このような無生物主語の使い方については、本書172ページ参照。

Step 3 ● 英文法キーポイント

付加疑問は文末のイントネーションが重要

文末に2語つけ足すだけで、確認したり、同意を求めたり、質問したりできる。ここで付加疑問の使い方をチェックしておこう。

You don't mind if I use garlic, do you?
But it gives you bad breath, doesn't it?

▶否定 → 肯定、肯定 → 否定

①②「～ですよね？」を表す付加疑問の基本は、「逆の言い方をする」ことである。例えば、**You don't mind ...では、don'tと否定になっているので、これを受けて文末にはdo you?（肯定）をつけ足す**。**But it gives you ...のように、肯定になっている場合は、文末はdoesn't it?（否定）**。

文字ではわからないが、**実際の会話では、文末のイントネーションを上げるか、下げるかによって意味が異なるので注意が必要**である。

例文のdo you?は、音読する際、イントネーションを上げているので、「ニンニクを使ってもいい？」と相手に聞いている。doesn't it?の場合は下げているので、「でも、息が臭くなるわよね」と確認している。他の例を挙げておこう。

例
- You're in a hurry, aren't you? (↗) 「急いでるんでしょう？」
- You're not going to eat that, are you? (↘) 「それ食べないんだよね」
- It's your own fault, isn't it? (↗) 「自分のせいでしょう？」
- It sure is a small world, isn't it? (↘) 「世の中、本当に狭いですね」

超 コメント

① Let's ...の場合は、例外的に、shall we?を使う。イントネーションは(↗)。
例 Let's get out of here, shall we?「さあ行こうか」
Let's call it a day, shall we?「今日はこれくらいにしましょうか」

② I am a good cook, aren't I?「僕って料理うまいでしょ」。このようにI amに対する付加疑問はamn't I?（発音しにくい）ではなく、aren't I?と言う。

Step 4 ● バーチャル・エクササイズ　ダイアログ／ロールプレイ

▶まずはダイアログ（会話）の流れを確認。

ダイアログの場面　遊びに来たボーイフレンドにお昼をごちそうする。スパゲッティにニンニクを入れることにしたが、臭いが気にならないか聞いてみる……

▶では、ロールプレイをしてみよう。

みなさんのパートはA！

⇒シグナル音の後に続けて、I'll make ... で会話をスタートする。

A : I'll make the spaghetti.

B : OK. Thanks.

A : You don't ①mind if I use garlic, do you?

B : Of course not. I love it.

A : It's really good for you.

B : I eat it all the time.

A : But it gives you bad breath, doesn't it?

B : I don't mind garlic breath.

A : I guess we'll both have bad breath, won't we?

B : So ②neither of us will know.

▶和訳は177ページ

① mind は「…を気にする」の意。「気にしない」と返事をするには Of course not. などのように否定表現を用いる。
② neither of us で「2人とも…ない」の意。

Step 5 ● チェック

次の日本語を英語で言ってみよう。

1 彼、本気じゃないよね。
2 レインコートは必要ないでしょ。
3 そのこと君に言ったよね？
4 コーヒーブレイクしましょうか。

解答
1 He isn't serious, is he?
2 You don't need a raincoat, do you?
3 I told you that, didn't I?
4 Let's take a coffee break, shall we?

UNIT 26 うっかりすると間違える疑問詞の用法

Step 1 ● ウォームアップ　今ある実力をチェック

イラストと場面説明から状況をイメージ。
▶ヒントを参考にして「　」内の日本語を英語で言ってみる。

モノローグの場面　サッカー中継を夢中になって見ている夫に海へ行かないかと声をかける。

●
「ビーチに行くっていうのはどう？」
●
「こんなにいい天気なのに、なんでテレビ見るの？」
●
「どっちが勝ってる？　応援してる方？」

ヒント!

「…はどう？」はHow do you feel about ... ?、「なんでテレビを見てるの？」は短くしてWhy (do you) watch TV ... ?を使う。「どっちが勝っている」は、さて、どの疑問詞を使うべきか考えてみよう。「応援してる方」はyour teamでいい。

Step 2 ● レッツ・プラクティス

モノローグ

まず、音声を聞いて、how、why、who などがどのように使われているかを確認する。
次に、英文の意味を理解した上で、アドバイスを参考に音読してみよう。

How do you feel about going to the beach?

ビーチに行くってのはどう？

Why watch TV when the weather is so nice?

こんなにいい天気なのに、なんでテレビ見るの？

You should be exercising, instead of watching sports on TV.

テレビでスポーツ見るんじゃなくて、自分で体を動かせばいいのに。

Who's winning the game — your team?

どっちが勝ってる？応援してる方？

Why not record the game and watch it tonight?

その試合録画して、夜見たら？

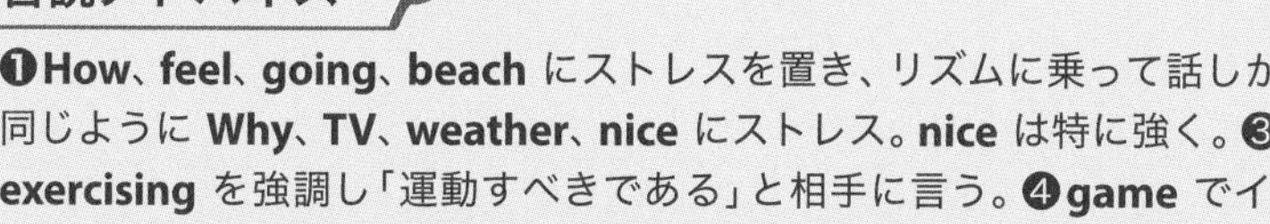

音読アドバイス

❶**How**、**feel**、**going**、**beach** にストレスを置き、リズムに乗って話しかける。❷同じように **Why**、**TV**、**weather**、**nice** にストレス。**nice** は特に強く。❸**should**、**exercising** を強調し「運動すべきである」と相手に言う。❹**game** でイントネーションを下げ、**team** で上げる。❺**Why not** は「どうして…しないの？」という感じで言い、**game** でイントネーションを軽く上げ、**tonight** で十分に下げる。

注 exercise は動詞で「体を動かす、運動する」の意。

疑問詞の
正しい使い方を
覚えましょう

Step 3 ● 英文法キーポイント

あまり意識せずに使っている疑問詞にも、注意すべき用法がある。ここではhow、why、whoに焦点を当てる。

How do you feel about going to the beach?

▶ Howはfeel、Whatはthink

「どう」がhow、「思う」がthink。「どう思う？」を***How do you think about it?と言ってしまいがちだが、What do you think about it?が正しい言い方。Howは、thinkではなく、例文のようにfeelと一緒に使う**。この点をしっかり押さえておこう。例文はHow about going to the beach?のように省略して言える。覚えておくといい。

Why watch TV when the weather is so nice?

▶ 省略されるdo you

①**本来ならばWhy do you watch TV?と言うべきだが、Why watch ...?とも言える（口語的）**。否定文の場合も同様。Why not go out?（Why don't you go out?）「どうして出かけないの？」。省略されるのはdo youだけではない。Why me?（Why is it me?）「何で私なの？」ではis itが省かれている。

Who's winning the game — your team?

▶ whoで表す「どっち」

「どっちが勝ってる？」に該当する英語は？***Which is winning? ではなく、Who's winning?である**。もし、Whichを使うなら、Which team is winning?と言う。

超 コメント

① 省略した言い方はWhyに限られた用法ではない。他の例を挙げておこう。
例 Who, me?「誰、僕？」、How late?「どれくらい遅かったの？」

「*」印 ⇒ 正しくない英文（間違った言い回し）

モノローグをまるごと利用

Step 4 ● バーチャル・エクササイズ

ダイアログ／ロールプレイ

▶まずはダイアログ（会話）の流れを確認。

外はピーカンの天気だというのに、夫はテレビでサッカーを見ている。そんな彼を、海へ行こうと誘う。

みなさんのパートはA！

▶では、ロールプレイをしてみよう。
⇒シグナル音の後に続けて、How do you feel ... で会話をスタートする。

A : How do you feel about going to the beach?

B : ①I'd rather stay here and watch this.

A : Why watch TV when the weather is so nice?

B : I'm watching an important soccer game.

A : You should be exercising, instead of watching sports on TV.

B : This is a great game.

A : Who's winning the game — your team?

B : Yep. The Red Devils.

A : Why not record the game and watch it tonight?

B : I have to see it ②live.

▶和訳は177ページ

① would rather ...「…する方がいい、…したい」の意。
② この場合の live［laiv］は副詞で「実況中継で、生で」の意味になる。

Step 5 ● チェック

次の日本語を英語で言ってみよう。

1 今夜は外食するっていうのはどう？
2 彼の提案どう思う？
3 どっちが負けてるの？
4 どうしていつも僕なんだ？

解答

1 How do you feel about eating out tonight?
2 What do you think about his suggestion?
3 Who's losing?
4 Why always me?

UNIT 27 強調の働きをする -ever

Step 1 ● ウォームアップ　今ある実力をチェック

イラストと場面説明から状況をイメージ。
▶ヒントを参考にして「　」内の日本語を英語で言ってみる。

モノローグの場面

何を言っても、何をしても、必ずけちをつける。
そんなルームメイトに文句を言う。

●

「私が『いい』って言う時は、いつでも『よくない』って言うでしょ」

●

「私が誰とデートしたって、『彼はだめ』って思ってるでしょ」

ヒント!

Whenever と Whoever、「いい」は yes、「よくない」は no、「だめ」は no good を使って言ってみる。

Step 2 ● レッツ・プラクティス　モノローグ

まず、音声を聞いて、whenever、whoever、whatever がどのように使われているのかを確認する。
次に、英文の意味を理解した上で、アドバイスを参考に音読してみよう。

I wish you would be nicer to me.	もっとやさしくしてくれてもいいのに。
Whenever I say "yes," you say "no."	私が「いい」って言う時は、いつでも「よくない」って言うし。
Whoever I date, you think he's no good.	私が誰とデートしたって、「彼はだめ」って思ってるでしょ。
I never complain to you.	私はあなたに文句を言わないのに。
But you disagree with **whatever** I say or do.	でも、あなた私の言ったりしたりすることには何でも反対するんだから。

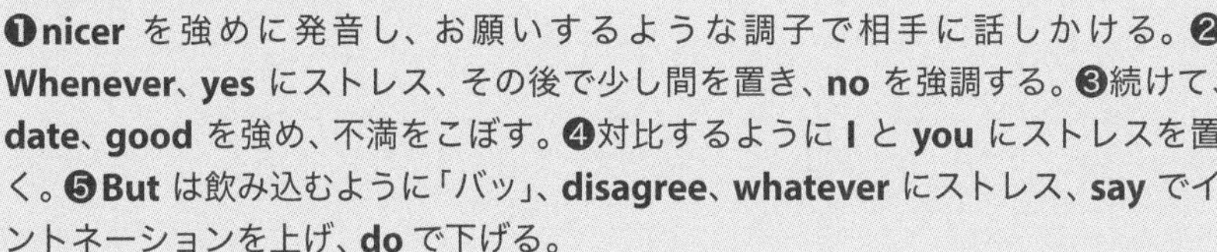

音読アドバイス

❶**nicer** を強めに発音し、お願いするような調子で相手に話しかける。❷**Whenever**、**yes** にストレス、その後で少し間を置き、**no** を強調する。❸続けて、**date**、**good** を強め、不満をこぼす。❹対比するように **I** と **you** にストレスを置く。❺**But** は飲み込むように「バッ」、**disagree**、**whatever** にストレス、**say** でイントネーションを上げ、**do** で下げる。

注 nice「親切な、やさしい」、complain to ...「…に文句、不満を言う」。

Step 3 ● 英文法キーポイント

「疑問詞＋-ever」は強調する際に使います

①when、who、whatなどの疑問詞に-everをつけると「…はいつでも、誰でも、何でも」の意味を表す。ここでは-everの働きに焦点を当てながら、「疑問詞＋-ever」の使い方を説明する。

Whenever I say "yes," you say "no."

when「いつ」に-everをつけると、意味にどのような変化が生じるか。②-everがwhenを強調し、when「いつ」が「いつでも、いつだって」の意味になる。**「強調」が「疑問詞＋-ever」を理解する上でのキーワード**。

Whoever I date, you think he's no good.

上の説明はwhoeverにも当てはまる。**-everによりwhoが強調され、「誰でも、誰だって」の意味に**。この文では、Whoeverがdateの目的語なので、本来ならば、Whomeverと言うべきだが、Whoeverになっている点に注目。会話では、例えば、Who did you meet last night?「昨日の夜、誰に会ったの？」のように、Whomの代わりにWhoを使う場合が多い。Who(m)everも同様。

But you disagree with whatever I say or do.

「疑問詞＋-ever」は、**文頭で使うとは限らない**。例文のように**文中に来る場合もある。ここでは-everがwhatを強調し、「～は何でも、どのようなことでも」の意味になる**。

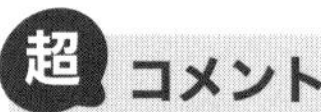

コメント

① その他にwherever、whichever、howeverがあるが、-everの働きは同じ。
② 「疑問詞＋-ever」は「No matter＋疑問詞」で書き換えられる。例えば、No matter where you go, you'll never get away from yourself.「どんなところに行っても、自分からは逃げられない」のように、whereverをno matter whereに書き換え可能（No matter where ...の方がより口語的）。

Step 4 ● バーチャル・エクササイズ ダイアログ／ロールプレイ

▶まずはダイアログ（会話）の流れを確認。

何が気に入らないのか、何を言っても、何をしてもけちをつけてくるルームメイト。「もうすこしやさしくしてよ」と言ってはみたものの……

みなさんのパートはA！

▶では、ロールプレイをしてみよう。
⇒シグナル音の後に続けて、I wish ... で会話をスタートする。

A : I wish you would be nicer to me.

B : You don't think I'm nice?

A : Whenever I say "yes," you say "no."

B : I'm not so sure about that.

A : Whoever I date, you think he's no good.

B : ①Then you should date nicer guys.

A : I never complain to you.

B : You're very easygoing.

A : But you disagree with whatever I say or do.

B : ②No way! I never disagree with you.

▶和訳は177ページ

① then は「そういうことなら」の意。
② No way! は強く否定する時に使う言葉。

Step 5 ● チェック

次の日本語を英語で言ってみよう。

1 ここで注文する物は何でもおいしいよ。
2 町に来ることがあったらいつでも電話を入れて。
3 どこへ行っても、彼はたくさんの友達を作る。
4 いくら一生懸命やっても、僕には上司を満足させられないよ。

解答
1 Whatever you order here will be delicious.
2 Give me a call whenever you're in town.
3 Wherever he goes, he makes lots of friends.
4 However hard I try, I never satisfy my boss.

UNIT 28 -er、-estの基本用法再チェック！

Step 1 ● ウォームアップ  今ある実力をチェック

イラストと場面説明から状況をイメージ。
▶ヒントを参考にして「　」内の日本語を英語で言ってみる。

モノローグの場面
自分より早く出社して、
遅くまで会社に残っている同僚のことを話題にする。

●
「ビルがここでは一番忙しくしてるよね」
●
「僕より早く会社に来てるし」
●
「帰るのも遅いしね」

ポイントとなる表現はthe busiest、earlier than me、goes home later である。

Step 2 ● レッツ・プラクティス

モノローグ

まず、音声を聞いて、-er、-est がどのように使われているのかを確認する。
次に、英文の意味を理解した上で、アドバイスを参考に音読してみよう。

Bill is **the busiest** employee here.	ビルはここでは一番忙しくしてるよね。
He comes to the office **earlier than** me.	僕より早く会社に来てるし。
He also goes home **later.**	帰るのも遅いしね。
So his workday is **the longest** of all.	だから、働いてる時間は一番長い。
But he never gets any work done!	でも、全然仕事片づいていないんだよね!

音読アドバイス

❶**busiest** を強調して話し始める。❷**comes**、**office**、**earlier**、**me** にストレス。❸続けて、**He also ...** では、**home later** で少し笑うようにする。❹**workday**、**longest**、**all** にストレスを置き、「一番長く働いている」を強調。❺**But** で少し間を置き、ゆっくりとした調子で **he never ...** と言葉を続ける。

注 employee は「従業員」の意。later の後には than me が省略されている。workday は「(一日の)労働時間」の意。

Step 3 ● 英文法キーポイント

最上級と比較級には状況に応じた用法がある

ここでは-est「最も～だ」と-er「より～だ」の基本的な使い方に焦点を当てる。

Bill is the busiest employee here.

▶「the + ...-est」/「the + most ...」

[①]**「最も(一番)～だ(最上級)」を表す基本形は「the＋形容詞(副詞)-est」**(例:tallest、biggest、hardest)。[②]**綴りの長い(音節の多い)語の場合、-estの代わりにmostを使い、次のように言う。**

例 ● This is the most beautiful sunset I have ever seen.
「今までに見た中で、一番きれいな夕焼けだよ」

他の文型でも「最も(一番)～だ」が表現可能。上の英文を書き換えた例を挙げておく。

例 ● Of all the employees here, Bill is the busiest.
● Bill is busier than any other employee here.
● No other employee here is as busy as Bill.

He comes to the office earlier than me.
He also goes home later.

▶「...-er」または「more ...」

「より～だ(比較級)」は「形容詞(副詞)-er」にthanをつけて表現するのが基本。変化させる語が長い場合は、moreを前につける。比較級の表現例を3つ挙げておく。

例 ● I think question 5 is more difficult than question 2.
「5番目の問題の方が2番目より難しい」(形容詞)
● I think faster than him.　「僕の方が彼より頭の回転が速い」(副詞)

次は、名詞の場合。moreの意味は「より多くの」(形容詞)。

例 ● I can eat more pizza than you.
「俺の方がお前よりピザを多く食べられる」(名詞)

超 コメント

① good [well] とbadの比較級と最上級はそれぞれbetterとbest、worseとworst。
② 長い単語の例。more [most] wonderful、more [most] interesting、[more] most difficult、more [most] excitingなど。

モノローグをまるごと利用

Step 4 ● バーチャル・エクササイズ

ダイアログ／ロールプレイ

▶まずはダイアログ（会話）の流れを確認。

DL56

誰よりも早く会社に来て、誰よりも遅く帰る。忙しそうに見えるが仕事がはかどっているようには思えない。そんな同僚のことが話題になる。

みなさんのパートはA！

▶では、ロールプレイをしてみよう。
⇒シグナル音の後に続けて、Bill is ...で会話をスタートする。

A : Bill is the busiest employee here.

B : He's a ①workaholic.

A : He comes to the office earlier than me.

B : Well, you live so far away.

A : He also goes home later.

B : That's true.

A : So his workday is the longest of all.

B : Everybody knows that.

A : But he never gets any work done!

B : You noticed that, too?

▶和訳は177ページ

① workaholic で「仕事中毒の人」の意。その他に cola-holic「コーラ中毒の人」、TV-holic「テレビ中毒の人」、computer-holic「コンピュータ中毒の人」などがある。

Step 5 ● チェック

次の日本語を英語で言ってみよう。

1 あれは今までに見た最高の映画だね。
2 走らせたら彼が一番速い。
3 彼女、君が思っているより頭が切れるよ。
4 彼の方が僕よりずっとコンピュータに詳しいよ。

解答

1 That's the best movie I've ever seen.
2 He runs (the) fastest of all.
3 She is smarter than you think.
4 He knows a lot more about computers than me.

UNIT 29 as ... asと倍数表現

Step 1 ● ウォームアップ  今ある実力をチェック

イラストと場面説明から状況をイメージ。
▶ヒントを参考にして「　」内の日本語を英語で言ってみる。

モノローグの場面　同僚の入れたコーヒーを初めて飲み、そのあまりの濃さに……

●
「僕も濃いコーヒー入れる方だけど」
●
「でも君ほどじゃないね」
●
「君はたくさんコーヒーを飲むしね」
●
「君のカップ、僕の倍はあるよ」

「濃いコーヒー」は strong coffee、「君ほど…じゃないよ」は not as ... as ～ を使う。
「たくさん飲む」は drink a lot of it でいい。最後の文は、twice as big as ... 。

Step 2 ● レッツ・プラクティス

まず、音声を聞いて、as ... as がどのように使われているかを確認する。
次に、英文の意味を理解した上で、アドバイスを参考に音読してみよう。

I make strong coffee. 僕も濃いコーヒー入れる方だけど。

But **not as strong as** yours. でも君ほどじゃないね。

This is the strongest coffee I've ever tasted. これ今までに味わった中で一番濃いコーヒーだね。

You really drink a lot of it. 君はたくさんコーヒーを飲むしね。

Your coffee cup is **twice as big as** mine. 君のカップ、僕の倍はあるよ。

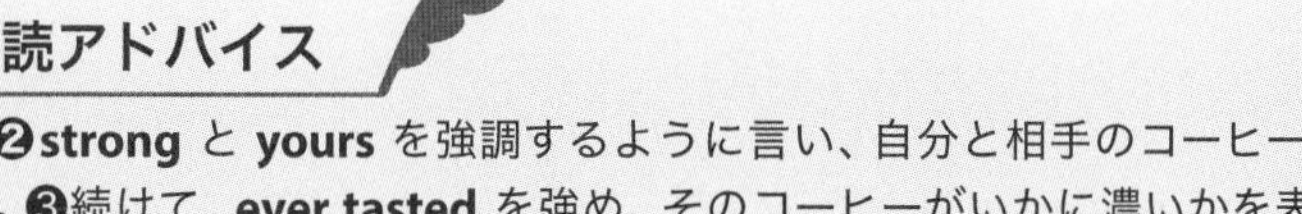

音読アドバイス

❶❷**strong** と **yours** を強調するように言い、自分と相手のコーヒーの比較をする。❸続けて、**ever tasted** を強め、そのコーヒーがいかに濃いかを表現する。❹**really** と **drink** にストレス、**a lot of it** は「アロロビッ」の感じで発音するといい。❺**twice** を強め、コーヒーカップの大きさを強調する。

注 make coffee で「コーヒーを入れる」。コーヒーの場合、「濃い」は strong、「薄い」は weak と言う。

Step 3 ● 英文法キーポイント

But not as strong as yours.

▶「〜と同じ」はas ... as 〜

「〜と同じ」を表現する場合、as ... as 〜を使う。①上の例文では、notをつけて「〜ほど…ではない」の意味を表している。**as ... as 〜を使っても「最も(一番)…だ」を表現できる**(本書124ページ参照)。次の例文を参考にしてほしい。

例 ● Nothing tastes as good as Mom's cooking.
「母親の料理よりおいしいものはない」

● No store sells things as cheaply as that one.
「あの店はどこよりも安く品物を売っている」

Your coffee cup is twice as big as mine.

▶倍数表現＋as ... as 〜

②**倍数を表現するには、as ... asの前に③twice、three timesなどを使う**。使い方のコツをつかむには「理屈より例文」。

例 ● You eat half as much as he does.
「君は彼の半分しか食べない」

● He watches twice as many movies as I do.
「彼は僕の倍は映画を見てる」

● You make three times as much money as I do.
「君は僕の３倍は稼いでる」

超 コメント

① not so ... as 〜は、一部の決まり文句以外はあまり用いられない。
② 数の場合、as many as ...、量の場合、as much as ...を使う。
③「２倍」は動詞doubleでも表現できる。
例 The price of lettuce has doubled over the past month.
「レタスの値段がこの１カ月で倍になった」

Step 4 ● バーチャル・エクササイズ ダイアログ／ロールプレイ

▶まずはダイアログ（会話）の流れを確認。

休憩室で同僚の入れた濃いコーヒーを初めて飲む。その濃さ、彼女の飲む量、それに、コーヒーカップの大きさにただ驚くばかり。

みなさんのパートはA！

▶では、ロールプレイをしてみよう。
⇒シグナル音の後に続けて、I make ... で会話をスタートする。

A : I make strong coffee.

B : You do?

A : But not as strong as yours.

B : I like it ①thick.

A : This is the strongest coffee I've ever tasted.

B : Here. Have some more.

A : You really drink a lot of it.

B : You think so?

A : Your coffee cup is twice as big as mine.

B : It's not ②that big.

▶和訳は178ページ

① thick にも「濃い」の意味がある。
② that big の that は副詞で「そんなに」の意味を表す。this なら「こんなに」。

Step 5 ● チェック

次の日本語を英語で言ってみよう。

1 君の絵は彼女のと同じくらいいいよ。
2 彼ほどうるさい奴はいない。
3 君は僕の半分くらいしかコーヒーを飲まないね。
4 この1週間でキャベツの値段が倍になった。

解答

1 Your painting is as good as hers.
2 Nobody is as noisy as he is / him. / Nobody makes as much noise as he does / him.
3 You drink about half as much coffee as I do / me.（as ... as の後に I、he、she、we、they が来る場合me、him、her、us、them が頻繁に用いられる）
4 The price of cabbage is twice as expensive as last week. / The price of cabbage has doubled over the past week.

UNIT 30

接続詞 that、whether/if の使い方の基本

Step 1 ● ウォームアップ

今ある実力をチェック

イラストと場面説明から状況をイメージ。
▶ヒントを参考にして「　」内の日本語を英語で言ってみる。

モノローグの場面

子供にせがまれ、デパートにスニーカーを買いに行く。

●
「エアジョーダンが欲しいって言ってたな」
●
「だけど見つけられるかな」

ヒント!

He said that ... で言い始める。「エアジョーダン」は Air Jordans でいい。
2 つ目の文は、I'm not sure whether ... , though. を使ってみる。

Step 2 ● レッツ・プラクティス

まず、音声を聞いて、that、whether がどのように使われているのかを確認する。
次に、英文の意味を理解した上で、アドバイスを参考に音読してみよう。

He said
that he wanted Air Jordans.

エアジョーダンが欲しいって言ってたな。

I'm not sure
whether I can find them, though.

だけど見つけられるかな。

If I get these here instead,
will he be happy?

代わりにここにあるのを買ったら、喜ぶだろうか。

Oh, here are the Air Jordans ——
but look at the price tag.

あっ、ここにエアジョーダンがある。でも、値札を見てみろよ。

I don't think I can afford these.

買えそうもないな。

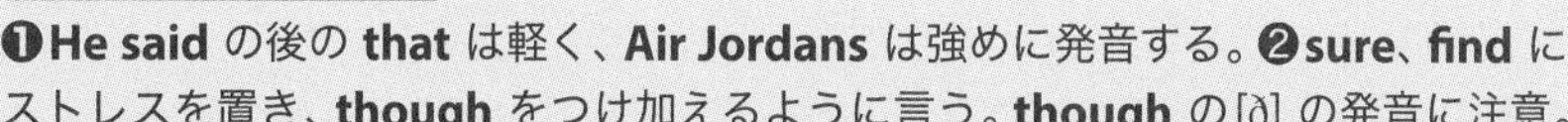

音読アドバイス

❶**He said** の後の **that** は軽く、**Air Jordans** は強めに発音する。❷**sure**、**find** にストレスを置き、**though** をつけ加えるように言う。**though** の[ð]の発音に注意。❸自分に問いかけるように **instead** と **happy** を強める。❹「あった」という感じで **Oh, here ...**、その後、**look ...** で少し声の調子を下げる。❺最後は **afford** を強め、「とても買えそうにない」と言う。

注 この場合の though は副詞で「だけど、でも」の意。instead の後に of Air Jordans を補って考える。can afford は「…を買う余裕がある」。

「～かどうか」は
接続詞whether
で表現します

Step 3 ● 英文法キーポイント

ここでは接続詞のthatとwhether/ifを取り上げ、その基本的使い方を説明をする。

He said that he wanted Air Jordans.

▶thatで作る名詞節

[①]thatは主として代名詞・接続詞として使われる。[②]**He said that ...が接続詞の代表的な使い方。この場合、that以降の文が名詞節として動詞saidの目的語になる**。「動詞＋that(接続詞)」の他の例を挙げておこう(thatは省略可)。

例 ● She told me (that) you were gone.
「彼女は僕に君は帰ったって言ってたよ」

● I think (that) it's time to take a break.
「休憩する時間だよね」

また、Is it true that she's getting married?「彼女が結婚するって本当？」のthatも接続詞。itの内容を名詞節that ...で説明。

I'm not sure whether I can find them, though.

▶whether (or not)で作る名詞節

接続詞whetherは「～かどうか」の意味を表す。話の流れによってはor notをつける。例えば、I don't know whether it's his fault or not.「彼が悪いのかどうかはわからない」。**whetherは文脈によってはifで置き換えられる**。例を挙げよう。

例 ● I'm not sure if this is the right station (or not).
「この駅で間違いないのかはっきりしない」

また、I'm not sure whether or not this is the right stationとは言えるが、*I'm not sure if or not this is the right station とは言えない。

超 コメント

①「代名詞」と「接続詞」両方の働きをするのが関係代名詞。詳しくは本書140ページ参照。
② that、whether/ifを使った文の場合、時制の一致に注意。詳しくは本書44ページ参照。

「*」印 ⇨ 正しくない英文(間違った言い回し)

Step 4 ● バーチャル・エクササイズ ダイアログ／ロールプレイ

▶まずはダイアログ（会話）の流れを確認。

子供が欲しがっているエアジョーダンを探しにデパートへ。お目当てのシューズを見つけたのだが、その値段を見てびっくり。

▶では、ロールプレイをしてみよう。

みなさんのパートはA！

⇒シグナル音の後に続けて、He said ... で会話をスタートする。

A : He said that he wanted Air Jordans.

B : Air Jordans. I see.

A : I'm not sure whether I can find them, though.

B : They're in the basketball section right there.

A : If I get these here instead, will he be happy?

B : I don't think so. Those are ①regular sneakers.

A : Oh, here are the Air Jordans — but look at the price tag.

B : I'm sure he'll ②love them.

A : I don't think I can afford these.

B : They are very ③high-end shoes.

▶和訳は178ページ

① regular は「ふつうの」の意。
② love は「気に入る」の意味で使われている。
③ high-end には「最高級の、値段が張る」という意味がある。

Step 5 ● チェック

次の日本語を英語で言ってみよう。

1 コーヒーにしてほしいって言ったんです。
2 今日休みだって知らなかったのかい？
3 そんなのフェアじゃないよ。
4 ここで待つべきかどうかわからないな。

解答

1 I said (that) I wanted coffee.
2 Didn't you know (that) today is a holiday?
3 I don't think (that) it's fair.
4 I'm not sure whether/if we should wait here (or not).

UNIT 31

会話で使いこなしたい not only ... but と so ... that

Step 1 ● ウォームアップ

今ある実力をチェック

イラストと場面説明から状況をイメージ。
▶ヒントを参考にして「　」内の日本語を英語で言ってみる。

モノローグの場面　パーティーで友人が見たこともないような失態をやらかす。どうしてあんなことを……

●
「それだけじゃないんだよ。
とんでもないことも
言っちゃったんだよ」

●
「あんまりひどいんで、
みんな怒ったのなんのって」

「それだけじゃないんだ……」Not only that, but ...、「とんでもないこと」mean things、「あんまりひどいんで…」はHe was so rude that ... を使って言ってみる。

Step 2 ● レッツ・プラクティス

まず、音声を聞いて、not only ... but と so ... that がどのように使われているのかを確認する。

次に、英文の意味を理解した上で、アドバイスを参考に音読してみよう。

Bill was talking too much
last night.

昨日の夜は、ビルしゃべり過ぎだよな。

The more he drank,
the more he talked.

飲めば飲むほど、おしゃべりになって。

Not only that,
but he said mean things.

それだけじゃないんだよ。
とんでもないことも言っちゃったんだよ。

He was **so** rude
that people got really mad.

あんまり失礼なんで、
みんな怒ったのなんのって。

As far as I know,
he's never done that before.

僕の知ってる限り、
あんなこと初めてだよな。

音読アドバイス

❶「困ったもんだ」という調子で **too much** を強めに発音して話し始める。❷ **more**、**drank** にストレス、その後に少し間を置き、**more**、**talked** にストレス。❸ **Not only that** では **that** を強め、少しポーズを置いて、さらに、**mean** を強調する。❹続けて **so**、**rude**、**really**、**mad** にストレス。❺ **I** を強め、**know** の後でポーズ、**done** を強調し「以前にはなかった」と相手に言う。

注 The more ... the more ～ で「…すればするほど、ますます～」の意味になる。mean は「卑劣な、意地悪な」、as far as ... で「…の限りでは、範囲では」の意。

so ... thatは、soで強調、thatで結果と覚えます

Step 3 ● 英文法キーポイント

not only ... butとso ... thatは構文として知ってはいるが、実際の場面で使うとなると思ったようには英語が出てこない。ここで使い方の基本を覚えよう。

Not only that, but he said mean things.

▶つけ足しのNot only ... but

受験英語で覚える代表的表現といえば、not only ... but also ...？ この構文を使いこなすためのコツを紹介しよう。まず、基本形から。

● Our company is well known not only in Germany, but also in England. 「我が社はドイツだけではなく、イギリスでも知られている」

「AだけではなくBも」がこの構文の基本的意味。次に、会話文。

A: Jim and Sara were walking together.

B: Really?

A: Not only that, but they were also holding hands.

最後の文に注目。意味は「それだけじゃなくて(一緒に歩いていただけじゃなくて)、手もつないでたんだ」。**Not only thatで前の話を受け、but ...で言葉をつけ足す**。but及びalsoは省略可能。このパターンが会話では頻繁に使われる。使い方を覚えておこう。

He was so rude that people got really mad.

▶soで強調、thatで落ち

so ... thatの基本は「soで強調、thatで結果」。例文の場合は「とっても無礼だった(強調)、それで皆が怒った(結果)」という流れ。thatは省略できる。例えば、The newspaper print was so small he couldn't read it.「新聞の文字が小さ過ぎて、彼には読めなかった」。①**soの後にくるのは形容詞ばかりではない。副詞を強調する場合もある。**

例● It rained so hard that the foundation under our house was weakened.
「大雨が降ったので、家の土台が弱くなった」

超 コメント

① soの後には名詞(句)も使える。

例 The game drew so many people that the stadium couldn't hold them all.
「その試合はとても人気があった(多くの人を引きつけた)ので、全員をスタジアムには収容しきれなかった」

モノローグをまるごと利用

Step 4 ● バーチャル・エクササイズ ダイアログ／ロールプレイ

▶まずはダイアログ（会話）の流れを確認。

普段はおとなしいビルが、悪酔いをして、とんでもないことを言ってしまった。ストレスのせいだろうか。あんな彼の姿を見たのは初めて。

みなさんのパートはA！

▶では、ロールプレイをしてみよう。
⇒シグナル音の後に続けて、Bill was talking ... で会話をスタートする。

A : Bill was talking too much last night.

B : I heard him.

A : The more he drank, the more he talked.

B : He's usually ①quiet.

A : Not only that, but he said mean things.

B : Really? I didn't hear everything he said.

A : He was so rude that people got really mad.

B : ②That bad, huh?

A : As far as I know, he's never done that before.

B : He ③must've been under a lot of stress.

▶和訳は178ページ

① quiet は「物静か、あまり話さない」の意。
② that bad の that は副詞で「そんなに」という意味を表す。
③ must've / must have been ...「きっと…だったんだろう」。

Step 5 ● チェック

次の日本語を英語で言ってみよう。

1 彼は日本だけではなく、アメリカでも有名だよ。
2 それだけじゃなくて、新しいコンピュータも買うつもりなんだ。
3 ケーキとってもおいしかったから、全部食べちゃった。
4 眠くて眠くて目を開けてられなかったんだ。

1 He is famous not only in Japan, but also in the United States.
2 Not only that, (but) I'm (also) going to buy a new computer.
3 The cake was so good that I ate it all.
4 I felt so sleepy that I couldn't keep my eyes open.

UNIT 32

文と文をつなぐ代名詞の用法

Step 1 ● ウォームアップ

今ある実力をチェック

イラストと場面説明から状況をイメージ。
▶ヒントを参考にして「　」内の日本語を英語で言ってみる。

モノローグの場面

写真を友人に見せ、小さい頃の話をする。

●
「これいつも持ち歩いてる写真なんだ」

●
「昔住んでた家の写真さ」

●
「左にいる小さい男の子が僕」

ヒント!

This is the picture that ... で始める。「持ち歩く」は carry を使う。続けて、It's a picture of the house ... 、I'm the little boy who ... を使って言ってみる。

Step 2 ● レッツ・プラクティス　モノローグ

まず、音声を聞いて、that、who がどのように使われているのかを確認する。
次に、英文の意味を理解した上で、アドバイスを参考に音読してみよう。

This is **the picture**
that I always carry with me.

これ、いつも持ち歩いてる写真なんだ。

It's a picture of **the house**
I once lived in.

昔住んでた家の写真さ。

I'm in the picture, too.

僕も写ってるんだよ。

I'm **the little boy**
who's on the left.

左にいる小さい男の子が僕。

The boy who's wearing
the hat is my brother.

帽子をかぶってるのが僕の兄さんだよ。

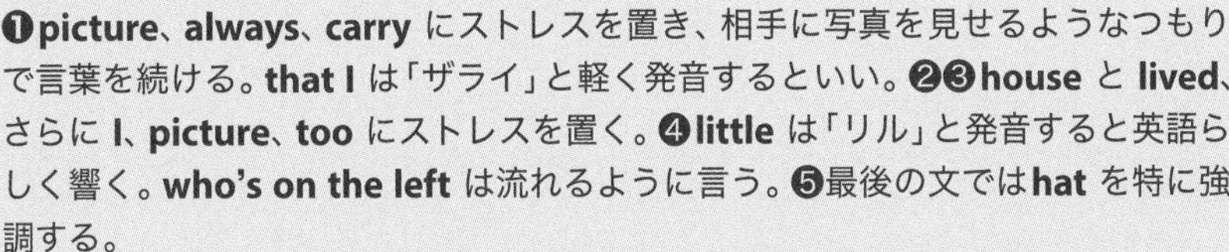

音読アドバイス

❶**picture**、**always**、**carry** にストレスを置き、相手に写真を見せるようなつもりで言葉を続ける。**that I** は「ザライ」と軽く発音するといい。❷❸**house** と **lived**、さらに **I**、**picture**、**too** にストレスを置く。❹**little** は「リル」と発音すると英語らしく響く。**who's on the left** は流れるように言う。❺最後の文では**hat** を特に強調する。

注 I'm in the picture, too. の文字通りの意味は「僕も写真の中にいる」である。

Step 3 ● 英文法キーポイント

後ろから説明をつけ足すのが関係代名詞の役目

関係代名詞と聞くと、その名称からして難しい印象を受けてしまうが、基本的メカニズムを知ると、その便利さがわかる。

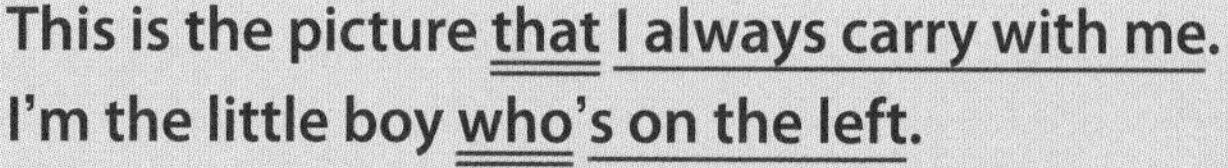
This is the picture that I always carry with me.
I'm the little boy who's on the left.

▶後ろから情報（説明）をつけ足す

関係代名詞とは？**文と文をつなぐ（関係させる）働きをする代名詞**。例えば、**最初の例文中のthatは、前と後ろの２つの文をつなぐ接続詞の働きをし、動詞carryの目的語（節）にもなっている**（同時に２つの役割を果たす）。ここでその基本的メカニズムを理解しておこう。

「**後ろから説明（情報）をつけ足す**」。つけ足し方は、次の２つ。

（A）「関係代名詞＋主語＋動詞（関係代名詞が目的語になる場合）」

This is the picture.
I always carry that with me.

①carryの目的語thatがpictureの後に続き、接続詞の働きをし、「（これさ写真なんだけど）いつも持ち歩いてるんだ」と説明をつけ加えている。**このパターンでは、that (which、who）は省略可**。例文のように、**thatが物を受けている場合には、whichも使える**。

（B）「関係代名詞＋動詞（関係代名詞が主語になる）」

I'm the little boy.
That (boy) is on the left.

後に続く文の主語である代名詞thatがそのままthe little boyの後に続く。thatが接続詞の働きをし、「（僕がその小さい男の子）左側にいる子」と説明。この場合、**thatは人を受けているので、例文のようにwhoを使ってもいい**。②**関係代名詞の後に動詞が続くこのパターンでは、that、which、whoは省略できない**。

超 コメント

① Is it you who(m) I spoke to on the phone?「電話で話したのは君かな？」。whoを(A)のパターンで使う場合、目的語なので文法的には、whomにすべきだが、whoを使う頻度が高い。

② 省略については、関係代名詞（whose以外）の後に名詞（代名詞）が来るか、動詞が来るかで判断する。名詞（代名詞）が来れば省略できる。

なお、所有格の関係代名詞whose（例：I know the man whose house is on the hill.）。日常会話での使用頻度は低い。

モノローグをまるごと利用

Step 4 ● バーチャル・エクササイズ ダイアログ／ロールプレイ

▶まずはダイアログ（会話）の流れを確認。

いつも持ち歩いている写真を友人に見せながら、そこに写っている昔住んでいた家、小さい頃の自分や兄のことを話す。

みなさんのパートはA！

▶では、ロールプレイをしてみよう。
⇒シグナル音の後に続けて、This is the picture ... で会話をスタートする。

A : This is the picture that I always carry with me.
B : ①What's in the picture?
A : It's a picture of the house I once lived in.
B : It's a big house.
A : I'm in the picture, too.
B : Which one are you?
A : I'm the little boy who's on the left.
B : Who's the other little boy?
A : The boy who's wearing the hat is my brother.
B : You ②look alike.

▶和訳は178ページ

① What's in the picture?「写真の中に何があるの？」で「何が写ってるの？」になる。
② look alike で「同じように見える（似ている）」の意。

Step 5 ● チェック

次の日本語を英語で言ってみよう。

1 東京3時発の新幹線に乗った方がいい。
2 君が好きな音楽のことを教えて。
3 これ注文した本と違うんですけど。
4 この雑誌の表紙に出てるモデルってあなたですか？

解答

1 You should take the bullet train that leaves Tokyo at three.
2 Tell me about the music (that) you like.
3 This is not the book (which) I ordered.
4 Are you the model who's on the cover of this magazine?

UNIT 33

「カンマ＋which」と「前置詞＋which」の使い方の基本

Step 1 ● ウォームアップ　今ある実力をチェック

イラストと場面説明から状況をイメージ。
▶ヒントを参考にして「　」内の日本語を英語で言ってみる。

モノローグの場面　父親に娘がスマートフォンの基本操作を説明する。

●
「これが音量ボタンで、えーと、うーん、音を大きくしたり、小さくしたり」
●
「このアイコンをタップしてみて。どうなるか」
●
「それでプログラムが起動して、メールがチェックできるの」

These are the volume buttons, which are ... uhで言い始める。「どうなるか」はsee what happensで表現。３番目の文ではIt starts the program with which ...を使ってみる。

Step 2 ● レッツ・プラクティス

モノローグ

まず、音声を聞いて、whichがどのように使われているのかを確認する。
次に、英文の意味を理解した上で、アドバイスを参考に音読してみよう。

DL65

Are you having trouble with your new phone?	新しい電話（スマホ）、問題ない？
Push this button to start it up.	このボタンを押すとスイッチが入って。
These are the volume buttons, which are … uh, for making the sound louder or softer.	これが音量ボタンで、えーと、うーん、音を大きくしたり、小さくしたり。
Tap on this icon and see what happens.	このアイコンをタップしてみて。どうなるか。
It starts the program with which you can check your e-mail.	それでプログラムが起動して、メールがチェックできるの。

音読アドバイス

❶**Are you having ...**は父親に優しく話しかけるつもりで。❷**button**は「ボタン」ではなく「バタン」、**start it up**は「スターティッアップ」と発音。❸**These**の[ð]と**volume**の[v]に注意。**which are ...**の後に適当な言葉を探しているつもりで「アー」と言ってみる。**louder**でイントネーションを上げ、**softer**で下げる。❹**Tap**の[æ]に注意し、**and see**は「アンスィー」という感じで。❺**It starts ...**は**with which**を軽く発音し流れるように説明を続ける。

注 have trouble with ...「…で苦労する（問題を抱える）」。... be for ～ingは「…は～するためのもの」という意味。

Step 3 ● 英文法キーポイント

ここではwhichのもう１つの使い方を取り上げる。日本語の「えーと、つまり、それで」に当たる「カンマ＋which」と「前置詞＋which」の用法。

These are the volume buttons, which are ... uh, for making the sound louder or softer.

▶「えーと、つまり、それで」のカンマ＋which

①**関係代名詞whichの前にカンマを置くと、日本語の「えーと、つまり、それで」の意味を表す**。例文の場合は、音量ボタンの説明をしようとして、, which are ... uhで「えーと、うーん」と考えてから、for making ...と説明している。**実際の場面では、whichの前で軽くポーズを置く**。うまい言葉がすぐに出てこない場合には、uh「アー」、um「アーム」などの言葉を挟み、その後、続けて説明する。カンマwhichは、次の文のように、**前の文全体を受ける場合もある**。

例 ● The dog barked loudly, which scared us.
「犬があんまりワンワン吠えるから、怖くなっちゃたんだ」

It starts the program with which you can check your e-mail.

▶thatにはない前置詞との組み合わせ

この用法は、140ページで説明した「関係代名詞＋主語＋動詞（関係代名詞が目的語になる場合）」と同じパターン。例文ができあがるプロセスを段階を追って説明しよう。

（1）It starts the program. You can check e-mail with that.
この時点でthatはprogramを指す代名詞。

（2）It starts the program (that) you can check e-mail with.
thatを文と文をつなぐ位置に移動すると、代名詞と接続詞の働きをする。thatは省略可。

（3）It starts the program with which you can check e-mail.
with thatを文と文をつなぐ位置へ移動したいところだが、thatにはこの用法がない。**代わりにwhichを使って、with whichにする**。この場合、withが強調され、「それでプログラムが起動して、それを使って電子メールがチェックできる」の意味に。with whichの方が（2）よりも堅い言い方。

超 コメント

① カンマをつける用法及び前置詞との組み合わせは、who(m)にはあるがthatにはない。カンマwhoの例文を挙げておこう。
例 See that tall guy, who's standing by the door?
「あの背の高い奴見えるかい、ドアの側に立ってる奴さ」

モノローグをまるごと利用

Step 4 ● バーチャル・エクササイズ ダイアログ／ロールプレイ

▶まずはダイアログ（会話）の流れを確認。

携帯電話からスマートフォンに機種変更した父親に娘が基本操作を説明する。スイッチの入れ方から、メールのチェックの仕方まで。

みなさんのパートはA！

▶では、ロールプレイをしてみよう。
⇒シグナル音の後に続けて、Are you having ... で会話をスタートする。

A : Are you having trouble with your new phone?

B : Just a little. It has fewer buttons than my old one.

A : Push this button to start it up.

B : Oh, of course. ... ①There it goes.

A : These are the volume buttons, which are … uh, for making the sound louder or softer.

B : OK. And ②how about checking my e-mail?

A : Tap on this icon and see what happens.

B : Ooh! Something's happening.

A : It starts the program with which you can check your e-mail.

B : I see. It's ③similar to the icon for my e-mail on my desktop.

▶和訳は178ページ

① There it goes.「そこへ行く」から「スイッチが入った」の意味に。
② how about ...ingで「…する場合は？」と説明を求めている。
③ be similar to ...は「…と似ている（同様）」の意味。

Step 5 ● チェック

次の日本語を英語で言ってみよう。

1 台風が来るので、今夜は大荒れの天気になる。
2 雪が降り出して、それでみんなうれしくなっちゃって。
3 ここのプールで泳ぎを覚えたの。
4 これが僕が卒業した学校。

解答
1 A typhoon is coming, which means stormy weather tonight.
2 It started snowing, which made us happy.
3 Here's the pool in which I learned how to swim.
4 This is the school from which I graduated.

UNIT 34 文と文をつなぐwhenとwhereの基本的用法

Step 1 ● ウォームアップ  今ある実力をチェック

イラストと場面説明から状況をイメージ。
▶ヒントを参考にして「　」内の日本語を英語で言ってみる。

モノローグの場面　暖かい陽気に誘われて友人と散歩に出かける。

●
「何てさわやかな天気なの！」

●
「桜の花が咲く季節ね」

●
「春には夕方になるといつもこの辺りを散歩するの」

What lovely ...、This is the season when ...、This is the place where ... を使って言ってみる。「咲く」は bloom、「春の夕方」は on spring evenings。

Step 2 ● レッツ・プラクティス

まず、音声を聞いて、when と where がどのように使われているのかを確認する。
次に、英文の意味を理解した上で、アドバイスを参考に音読してみよう。

What lovely weather! 何てさわやかな天気なの！

This is **the season**
when the cherry blossoms bloom. 桜の花が咲く季節ね。

It's a great time to see them. 桜を見るにはいい時期よね。

This is **the place where** I always walk
on spring evenings. 春には夕方になると
いつもこの辺りを散歩するの。

It's a graveyard,
but it's also a nice park. 墓地だけど、
ちょっとした公園でもあるのよ。

音読アドバイス

❶**What lovely weather!** は一語一語ハッキリと。❷**season**、**cherry**、**blossoms**、**bloom** にストレス。**when** は軽く発音する。❸続けて、**time** と **see** を強め「桜見物には絶好の季節である」を強調。❹次は長い文だが、**This**、**place**、**always**、**walk**、**spring**、**evenings** にストレスを置き、テンポよく言葉を続ける。**where** は弱めに。❺最後の文は、**graveyard** と **park** を強めに発音する。

注 lovely weather の前に a は必要ない。on spring evenings の on の用法については本書104 ページ参照のこと。

Step 3 ● 英文法キーポイント

2つの文を結びつけるwhenとwhereとは？

「その時に」、「その場所で」と言って言葉を続けるwhenとwhereの基本的仕組みをここで見ておこう（事前に本書140ページ参照）。

This is the season when the cherry blossoms bloom.

▶「この（その）時に」のwhen

まず、whenの仕組み。

This is the season when (in which)

the cherry blossoms bloom (in the season.)

この場合、**in whichで２つの文を結びつけてもいいが、in whichは「〜の時期（in the season）」を表しているので、whenが使える**。上の文は、This is the season「今が季節」＋when「この時期に」＋the cherry blossoms bloom.「桜が咲く」＝「桜が咲く季節ね」の流れになる。

例文をもう１つ。①That was the day when we first met.の場合はどうか。「その日だった」＋②when (on which)「その時に」＋「私達が初めて会った」＝「その日に私達初めて会ったのよね」となる。**whenは「その時に」の意味を表し、２つの文を結びつける働きをしている。**

This is the place where I always walk on spring evenings.

▶「この（その）場所で」のwhere

This is the place where (in which)

I always walk on spring evenings (in this place.)

whereの場合もwhenと同じように考える。This is the place「この場所」＋where「ここで」＋I always walk on spring evenings.「春には夕方になるといつも散歩する」＝「春には夕方になるとこの辺りをいつも散歩するの」。**whereはin whichの代わりに「この（その）場所で」の意味を表し、２つの文をつなぐ働きをする。**

超コメント

① That was the day when we first met.はon whichを使って次のように言い換え可能。That was the day on which we first met. なぜ、on whichなのかは、We first met on the day.からわかる。

② 文脈から判断がつく場合、the season、the day、the placeなどは省略できる。
例 This is when the cherry blossoms bloom.

Step 4 ● バーチャル・エクササイズ ダイアログ／ロールプレイ

▶まずはダイアログ（会話）の流れを確認。

友人と咲き始めた桜を見に墓地兼公園に出かける。春の宵によくこの辺りで散歩をすると言うと……

みなさんのパートはA！

▶では、ロールプレイをしてみよう。
⇒シグナル音の後に続けて、What lovely weather!で会話をスタートする。

A : What lovely weather!

B : It sure is nice.

A : This is the season when the cherry blossoms bloom.

B : Yep. It's spring.

A : It's a great time to see them.

B : They're really pretty.

A : This is the place where I always walk on spring evenings.

B : ①You walk in a graveyard?

A : It's a graveyard, but it's also a nice park.

B : ②I'd be afraid to walk alone here.

▶和訳は178ページ

① You walk ... ? でイントネーションを上げて聞き返している。
② I'd (I would) ... で「私なら怖くて歩けないわ」と言っている。

Step 5 ● チェック

次の日本語を英語で言ってみよう。

1 その日に私の娘が生まれたんです。
2 あそこで迷った時のこと覚えてるかい？
3 ここに車を停めていいよ。
4 温泉に入れる旅館に泊まりたいよね。

解答

1 That was the day when my daughter was born.
2 Remember the time when we got lost there?
3 Here's the place where you can park.
4 I'd like to stay at an inn where we can take a hot spring bath.

UNIT 35

理由と方法を表し文と文をつなぐ why と how

Step 1 ● ウォームアップ　今ある実力をチェック

イラストと場面説明から状況をイメージ。
▶ヒントを参考にして「　」内の日本語を英語で言ってみる。

モノローグの場面　結婚式の写真を見ながら、叔父のことを思い出す。

●
「(彼)酔っぱらってたから。
写真が斜めに写ってるのよ」
●
「パーティーで写真撮る時は
いつもそうだったから」

ヒント！

「酔っている」は be drunk と言う。That's why ... That's how ... を使ってみる。
「斜めになっている」は be tilted、「写真を撮る」は take photos。

Step 2 ● レッツ・プラクティス

モノローグ

まず、音声を聞いて、why、how がどのように使われているのかを確認する。
次に、英文の意味を理解した上で、アドバイスを参考に音読してみよう。

DL69

Remember the day when we got married?
結婚した日のこと覚えてる？

My uncle took this photo on that day.
あの日、叔父さんがこの写真撮ってくれたのよね。

He took it at the hotel where we had the party.
ホテルのパーティーの時に撮ったんだわ。

He was drunk. That's why the photo is tilted.
酔っぱらってたから。写真が斜めに写ってるのよ。

That's how he always took photos at parties.
パーティーで写真撮る時はいつもそうだったから。

音読アドバイス

❶**Remember**、**day**、**got**、**married** にストレスを置き、当時を思い出すようにして話し始める。**married** で軽くイントネーションを上げる。❷**uncle**、**photo**、**day** にストレス。❸**took it** は「トゥッキッ」でいい。**where** は軽く発音。❹続けて **That's**、**why**、**photo**、**tilted** にストレスを置く。❺最後の文では、特に **always** を強調する。

注 get married で「結婚する」、tilt「傾ける」が be tilted で「傾く、斜めになる」の意味になる。

Step 3 ● 英文法キーポイント

whyとhowも基本的使い方はwhen、whereと同じ。例文を使って、その仕組みを説明しよう。

That's why the photo is tilted.

▶「そういう理由で」のwhy

２つの文の結びつきは次の通り。

That's the reason why [for which]

the photo is tilted (for the reason.)

例文ではthe reasonが省略されている。それを補って考えよう。**上の２つの文をつなぐには、**[①]**for whichあるいは「理由」を表すwhyを使う**。文の流れは「それが理由」＋why「そういう理由で」＋「写真が斜めに写ってる」＝「だから写真が斜めに写ってるのよ」。

That's how he always took photos at parties.

▶「そういう風に」のhow

ここまでくれば、howの用法も容易に理解できるだろう。初めに注意しておく点が１つ。the day when、the place where、the reason whyからすると、*the way howが基本形になるはずだが、**howの場合、howかthe wayどちらか一方しか使えない**。

That's how [the way (in which)]

he always took photos at parties (in the way.)

上の文は、That's how ...、That's the way ...、That's the way in which ...の３通りに言える。この場合、howはthe way同様「そういう風に(方法で)」の意味になる。

超 コメント

① for whichになるプロセスを簡単に説明しておく。前に出ているthe reasonを受けているのでfor the reasonをfor thatにする。これを文と文をつなぐ位置に移動。thatには前置詞との組み合わせ用法がない。代わりにwhichを使う。for whichは「理由」を表すので、whyに置き換えられる。

「*」印 ⇒ 正しくない英文(間違った言い回し)

モノローグをまるごと利用

Step 4 ● バーチャル・エクササイズ ダイアログ／ロールプレイ

▶まずはダイアログ（会話）の流れを確認。

古いアルバムの中に結婚式の写真を見つけ、その当時のことを思い出す。パーティーでは、いつも酔って写真を撮っていた叔父さん……

みなさんのパートはA！

▶では、ロールプレイをしてみよう。
⇒シグナル音の後に続けて、Remember the day ... で会話をスタートする。

A : Remember the day when we got married?

B : I sure do. Show me the photos.

A : My uncle took this photo on that day.

B : Where did he take it?

A : He took it at the hotel where we had the party.

B : Something's wrong.

A : He was drunk. That's why the photo is tilted.

B : Oh, I see.

A : That's how he always took photos at parties.

B : ①Actually, it looks ②sort of interesting.

▶和訳は 179 ページ

① actually は「実際のところ」の意。
② sort of は副詞で「ちょっと、少し」の意。

Step 5 ● チェック

次の日本語を英語で言ってみよう。

1 なぜ僕たちが今日ここにいるか知ってる？
2 彼が怒るべき理由なんて何もない。
3 それどうやったのか教えてよ。
4 こうやって電子メールを送るの。

解答

1 Do you know (the reason) why we're here today?
2 There's no reason (why) he should be angry.
3 Tell me how you did it.
4 This is how you send an e-mail message.

UNIT 36 I wishを使った英語版「たら」「れば」表現

Step 1 ● ウォームアップ  今ある実力をチェック

イラストと場面説明から状況をイメージ。
▶ヒントを参考にして「　」内の日本語を英語で言ってみる。

モノローグの場面　最近、あまりいいことがない。そうは思いたくないが、能力不足のためか仕事の面でも今ひとつ。給料前で財布の中身は小銭ばかり。それに、彼との関係も……

●
「もっと頭がよかったらなあ…」

●
「お金持ちの家に生まれていればなあ…」

●
「美人だったら…」

I wish の後に、次の表現をどう続けるか。「頭がいい」smart、「お金持ちの家に生まれる」be born into a rich family、「美人」good-looking。

Step 2 ● レッツ・プラクティス

モノローグ

まず、音声を聞いて、I wish 表現がどのように使われているのかを確認する。次に、英文の意味を理解した上で、アドバイスを参考に音読してみよう。

I wish I were smarter.　　もっと頭がよかったらなあ……

I wish I had been born into a rich family.　　お金持ちの家に生まれてたなら……

Then I'd do better in life.　　人生もっとうまくいくのに……

I also wish I were good-looking.　　それに、美人で……

I wish ... **I wish I could** stop saying "I wish."　　「たら、れば」か……できれば言いたくないけど。

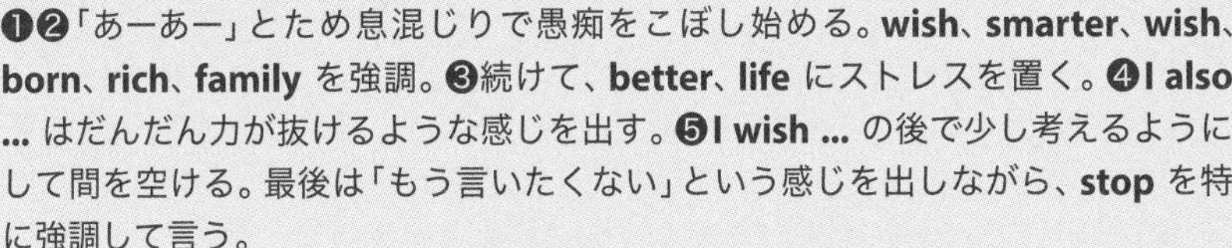

音読アドバイス

❶❷「あーあー」とため息混じりで愚痴をこぼし始める。**wish**、**smarter**、**wish**、**born**、**rich**、**family** を強調。❸続けて、**better**、**life** にストレスを置く。❹**I also ...** はだんだん力が抜けるような感じを出す。❺**I wish ...** の後で少し考えるようにして間を空ける。最後は「もう言いたくない」という感じを出しながら、**stop** を特に強調して言う。

注 smart は「頭が切れる」の意。日本語の「スマート」にあたる英語は slim である。
good-looking は男性・女性両方に使える。nice-looking「きれい」、charming「魅力的」、taller「背が高い」など他の形容詞を使ってもいい。

I wish＋過去形の文で願望を表現できます

Step 3 ● 英文法キーポイント

「たら、れば」と言えば仮定法。「～ならいいのに、～だったらな」。願望を表現する時に用いる言い回し。その代表格であるI wishの基本的使い方をここで説明しよう。

I wish I were smarter.

▶過去形 →「もっと頭がよければ（現在）」

①②I wishの後に過去形の文を続けると「～ならいいのになあ（実はそうではない）」という願望を表現できる。③Iの後ではwasよりもwereが使われる。他の動詞や助動詞の場合、そのまま過去形にする。

例 ● I wish I had a car.　「車があればな（実は持っていない）」
● I wish I could access the Internet.
「インターネットにアクセスできればな（残念ながらできない）」

I wish I had been born into a rich family.

▶ 過去完了形 →「お金持ちの家に生まれてたら（過去）」

過去の事柄について言いたい時はどうすればいいか。動詞を過去形ではなく、過去完了形「had＋過去分詞」にする。

例 ● I wish I had gone to a better university.
「もっといい大学に行ってたらな」
● I wish I had called her last night.
「昨日の夜、彼女に電話してたらな」

これで「だったらな（実はそうではなかった）」という意味になる。

超 コメント

① I wishの後に続く接続詞thatは、多くの場合、省略される。
② wishと同じような意味を表す動詞want「欲しい」やhope「望む」、expect「期待する」などには仮定法の用法はない。
③ *I wish I am smarter.と現在形にしたらどうなる？ こういう言い方はしないので、ネイティブの耳には奇異に響く。

「*」印 ⇒ 正しくない英文（間違った言い回し）

モノローグをまるごと利用

Step 4 ● バーチャル・エクササイズ ダイアログ/ロールプレイ

▶まずはダイアログ(会話)の流れを確認。

ダイアログの場面

お茶を飲みながら愚痴っていると、相手の同僚が「'たら、れば'ばかり言わない方がいいわよ」と応じてくる。

みなさんのパートはA!

▶では、ロールプレイをしてみよう。
⇒シグナル音の後に続けて、ため息をつくように"I wish ..."と言い始める。

A : I wish I were smarter.

B : Oh, come on!

A : I wish I had been born into a rich family.

B : Why?

A : Then I'd do better in life.

B : You really think so?

A : I also wish I were good-looking.

B : What else do you wish?

A : I wish ... I wish I could stop saying "I wish."

B : We all do.

▶和訳は179ページ

Step 5 ● チェック

次の日本語を英語で言ってみよう。

1 もっとスマートならいいんだけど。
2 英語がもっとうまく話せればなあ。
3 若い頃留学してたらなあ。
4 彼女が携帯の番号を教えてくれてたならなあ。

解答

1 I wish I were slimmer.
2 I wish I could speak English better.
3 I wish I had studied abroad when I was young.
4 I wish she had told me her cellphone number.

UNIT 37 Ifと「過去」の組み合わせで表す仮定の意味

Step 1 ● ウォームアップ  今ある実力をチェック

イラストと場面説明から状況をイメージ。
▶ヒントを参考にして「　」内の日本語を英語で言ってみる。

モノローグの場面 仕事を辞めたいという相談を持ちかけられ、自分の経験からアドバイスをする。

●
「私があなたならそうはしない」

●
「私なら仕事を続けるわ」

●
「辞めても、どうにもならないわよ」

「私なら」は if I were you、「仕事を続ける」は keep working でいい。「辞める」は quit、「どうにもならない」は it wouldn't help ... を使う。

Step 2 ● レッツ・プラクティス

まず、音声を聞いて、if がどのように使われているのかを確認する。
次に、英文の意味を理解した上で、アドバイスを参考に音読してみよう。

If I were you, **I wouldn't** do that. 私があなたならそうはしない。

I would keep working. 私なら仕事を続けるわ。

If you quit, it wouldn't help you. 辞めても、どうにもならないわよ。

I know because I once quit my job. 私にはわかるわ、一度辞めたから。

It was almost impossible to find another job. 仕事見つけるの、大変なんてもんじゃなかったわよ。

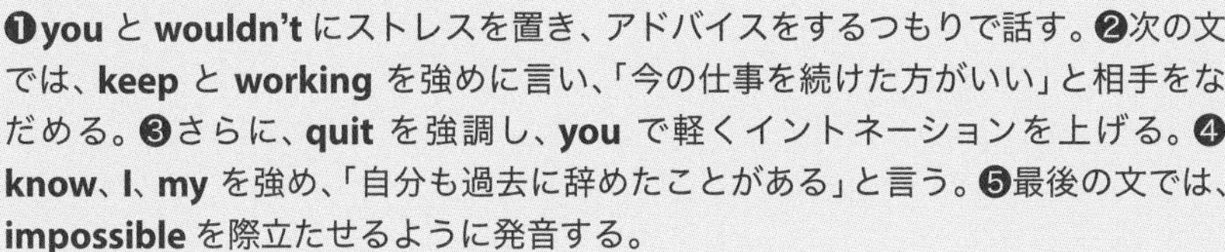

音読アドバイス

❶**you** と **wouldn't** にストレスを置き、アドバイスをするつもりで話す。❷次の文では、**keep** と **working** を強めに言い、「今の仕事を続けた方がいい」と相手をなだめる。❸さらに、**quit** を強調し、**you** で軽くイントネーションを上げる。❹ **know**、**I**、**my** を強め、「自分も過去に辞めたことがある」と言う。❺最後の文では、**impossible** を際立たせるように発音する。

注 quit の過去形は quit のままである。it wouldn't ... の it は前の If you quit を受けている。almost impossible は「ほとんど不可能に近い」の意。

仮定の話をする時はIf＋過去形で表現します

Step 3 ● 英文法キーポイント

Ifと過去形の組み合わせで「〜なら、…だろうな」という仮定の意味を表す。使い方の基本をここで覚えよう。

If I were you, I wouldn't do that.
If you quit, it wouldn't help you.

▶if＋過去形 ―「私があなたなら」「もし辞めたら」（仮定の話）

①まず、**If I were youと、amではなく過去形wereになっている**点に注目（この文脈ではI wasよりもI wereが好んで使われる）。今の話をしているのに、わざわざ過去形を使うにはそれなりの理由がある。**If I were youで「僕は君にはなれないが、もし君になったとしたら」と仮定の話をしている**（「I wish＋過去形」と同じ）。次のI wouldn't do that.でも、will notではなく過去形wouldn'tで前の話を受け、「そうはしないだろう」と言っている。当然、**これも仮定の話**。その後のI would keep working.も、If I were youを前提にしている。

If you quit ...の場合も同様。「辞めたとしても、どうにもならない」と**あくまでも仮の話をしている**。

理屈はこれくらいにして、身近な例文を挙げて「If＋過去形」の使い方をチェック。

例
- If there was [were] an earthquake right now, what would you do?
  「もし地震が今起きたら、（起きたと仮定して、君なら）どうする？」
- If you had a hundred million yen, what would you buy?
  「１億円あったら（あると仮定して）、何を買う？」
- If I exercised more, I'd be slimmer.
  「もっと運動すれば（実はしていない）、もっと痩せるのに」

超 コメント

① *If I am you, I won't do that.とは言わない。現実的に考えて、「私」が「あなた」にはなれない。したがって、仮定の話として、この文はIf I were you ...と過去形にしなければならない。これは、当然、*If I am a bird ...にも当てはまる（鳥にはなれない）。

「*」印 ⇒ 正しくない英文（間違った言い回し）

Step 4 ● バーチャル・エクササイズ ダイアログ／ロールプレイ

▶まずはダイアログ(会話)の流れを確認。

仕事のことで悩みを打ち明けられる。辞めたいという友人に、自分が辞めた時を思い出しながらアドバイスする。

みなさんのパートはB!

▶では、ロールプレイをしてみよう。
⇒シグナル音の後のI hate ... の文に続けて会話をスタートする。

A : I hate my job. I think I'll quit.

B : If I were you, I wouldn't do that.

A : But I ①might find a better job.

B : I would keep working.

A : It's too hard. I want to give up.

B : If you quit, it wouldn't help you.

A : How do you know?

B : I know because I once quit my job.

A : Did you have a hard time after that?

B : It was almost impossible to find another job.

▶和訳は179ページ

① この場合のmightには「…かもしれない(可能性がないわけではない)」の意味が込められている。

Step 5 ● チェック

次の日本語を英語で言ってみよう。

1 君が僕の立場ならどうする?
2 車があれば駅に迎えに行けるんだけど。
3 雨が降ってなければ出かけるんだけどな。
4 彼女がパーティーに来られたら最高なのに。

解答

1 What would you do if you were in my place/shoes?(in one's shoes「…の立場で」)
2 If I had a car, I could pick you up at the station.(pick ... up「…を車に乗せる」)
3 If it weren't raining, we would go out.
4 It would be great if she could come to the party.

UNIT 38
仮定法を使って過去の出来事を振り返る

Step 1 ● ウォームアップ　今ある実力をチェック

イラストと場面説明から状況をイメージ。
▶ヒントを参考にして「　」内の日本語を英語で言ってみる。

モノローグの場面

夜道を歩いていると、突然、車が後ろからスピードを上げて通り過ぎて行く。
あっ、危ない！

●
「動きがとろかったら、ぶつかってたな」

●
「あいつがもっと注意すべきだったんだよ」

ヒント！

If で言い始め、「動きがとろい」は go slower、「ぶつかる」は be hit を使う。
should have ... で「…すべきだった」。

Step 2 ● レッツ・プラクティス

モノローグ

まず、音声を聞いて、if や should がどのように使われているのかを確認する。
次に、英文の意味を理解した上で、アドバイスを参考に音読してみよう。

Whew! That was close.	ふーっ、危なかった。
If I had been going slower, I would have been hit.	動きがとろかったら、ぶつかってたよ。
He **should've been** more careful.	あいつがもっと注意すべきだったんだよ。
If this street weren't so dark, it would be much safer.	こんなに暗くなければ、この道もっと安全なんだけど。
It's very hard to see.	見通しがよくないからな。

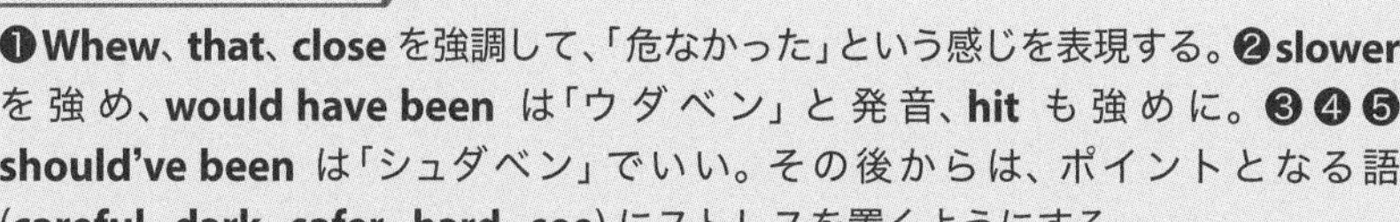

音読アドバイス

❶**Whew**、**that**、**close** を強調して、「危なかった」という感じを表現する。❷**slower** を強め、**would have been** は「ウダベン」と発音、**hit** も強めに。❸❹❺ **should've been** は「シュダベン」でいい。その後からは、ポイントとなる語(**careful**、**dark**、**safer**、**hard**、**see**)にストレスを置くようにする。

注 close は「きわどい」の意。

過去の出来事は
If＋過去完了で
言い表します

Step 3 ● 英文法キーポイント

過去を振り返る際に使う「～だったら…だったのに」(仮定法過去完了)と「…すべきだったのに」(should have＋過去分詞)。この2つの用法を説明しよう。

If I had been going slower, I would have been hit.

▶ If＋過去完了 ― 過去の出来事

この文が使われた状況を考えてみよう。スピードを出して近づいて来た車にぶつかりそうになった。あわてて身をかわして一言。**すでに起こった出来事について話している。**①**このように過去を振り返る場合に用いるのが「If＋過去完了」**(156ページ「I wish＋過去完了」参照)。

後半の部分は、その内容に応じてwould have ...、could have ...などが続く。例えば、If you had asked, I could have told you.「聞いてくれたら、教えられたのに」は**「相手が聞かなかったので、教えられなかった」の意味になる。**

もう1つ。知っておくべきミックス型。次の文を英語で言うと？

「昨日頑張ってたら、今ゆっくりできるのにね」。

If you'd worked harder yesterday, you could rest now.

前半で「昨日」、後半で「今」の話をしている。had workedとcould restの2つの仮定表現を一緒に使っている点に注目。

He should've been more careful.

▶ should have＋過去分詞 ― 過去の出来事

②**このshould'veは「…すべきだったのに(実際はしなかった)」の意味を表す。これも「過去の出来事」を振り返る際に使う言い回しの1つ。**He should've been more careful.では、乱暴な運転に対し「もっと注意すべきだったんだ(実際は注意していなかった)」と腹を立てている。参考のために例文を1つ。

例 ● I should've studied more when I was young.
「若い時に、もっと勉強しておくべきだった」

超 コメント

① 次のような言い方もある。Had he known she was in the room (If he had known ...), he would have never said that.「彼女が部屋にいるのを知っていたら、彼はそれは言わなかっただろう」。語順を倒置してifを省略。これは文語的な言い回し。
② 会話ではshould haveは、should've「シュダブ」と発音される場合が多い。

Step 4 ● バーチャル・エクササイズ ダイアログ／ロールプレイ

▶まずはダイアログ（会話）の流れを確認。

ダイアログの場面 薄暗い通りを仲間と歩いていると車が脇をかすめるようにして通り過ぎて行く。乱暴な運転に腹を立て、街灯がないことにも文句をつける。

▶では、ロールプレイをしてみよう。
⇒シグナル音の後に続けて、Whew ... で会話をスタートする。

みなさんのパートはA！

A : Whew! That was close.

B : It ①sure was.

A : If I had been going slower, I would have been hit.

B : Maybe he was drunk.

A : He should've been more careful.

B : ②He ③sure should've.

A : If this street weren't so dark, it would be much safer.

B : ④Maybe so.

A : It's very hard to see.

B : You have to be careful.

▶和訳は179ページ

①③ 2つのsureは副詞で「確かに、まったく」の意。
② He sure should've. の後には been more careful が続く。
④ Maybe so. の so は前の文 If this street ... を受けている。

Step 5 ● チェック

次の日本語を英語で言ってみよう。

1 あそこにいたら彼女に会えたかもしれない。
2 もっと注意してたら、あんな事故にはならなかったんだよ。
3 貯金してたら、今あの車買えるのに。
4 彼に本当のことを言うべきだったんだ。

解答
1 If I'd been there, I might have seen her.
2 If you'd been more careful, you wouldn't have had that accident.
3 If you'd saved your money, you could buy that car now.（これは「ミックス型」になる）
4 We should've told him the truth.

UNIT 39
英語にもある遠回しな言い方

Step 1 ● ウォームアップ　今ある実力をチェック

イラストと場面説明から状況をイメージ。
▶ヒントを参考にして「　」内の日本語を英語で言ってみる。

モノローグの場面　週末のデートのためにどうしてもお金が必要になる。
そこで、知人になんとか都合をつけてもらおうと頼み込む。

●
「今週末に必要なので
少しお金を貸して
もらえますか？」
●
「それに、厚かましいお願い
かもしれませんが、
車を数時間使うことはできる
でしょうか？」

まず、Could you ... ？ で言い始める。「厚かましいお願いをする」は ask too much、「…できるでしょうか」は Would it be possible to ... ？ を使う。

Step 2 ● レッツ・プラクティス

モノローグ

まず、音声を聞いて、I was wondering など、どのように頼み込んでいるのかを確認。
次に、英文の意味を理解した上で、アドバイスを参考に音読してみよう。

Listen, I was wondering, uh ... あのー、うーん、あー。

Could you lend me a few dollars for this weekend? 今週末に必要なので少しお金を貸していただけますか？

Just a hundred dollars or so. 100 ドルほど。

And if it isn't asking too much ... それに、厚かましいお願いかもしれませんが……

Would it be possible to use your car for a few hours? 君の車を数時間使えるでしょうか？

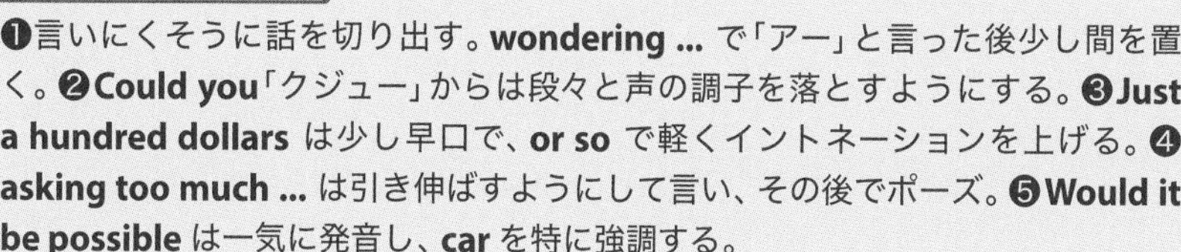

音読アドバイス

❶言いにくそうに話を切り出す。**wondering ...** で「アー」と言った後少し間を置く。❷**Could you**「クジュー」からは段々と声の調子を落とすようにする。❸**Just a hundred dollars** は少し早口で、**or so** で軽くイントネーションを上げる。❹**asking too much ...** は引き伸ばすようにして言い、その後でポーズ。❺**Would it be possible** は一気に発音し、**car** を特に強調する。

注 or so は「…くらい」の意。

Step 3 ● 英文法キーポイント

遠回しに頼み事をする際の言い方を覚えましょう

丁寧表現といって、思い浮かぶのはplease、will you、would youなど。しかし、そればかりではあまりに芸がない。ここでは英語版「遠回しな言い方」を取り上げる。

Listen, I was wondering, uh ...

▶ I was wondering ... ―「うーん、あのー」

頼み事をする際、いきなり話を切り出さずに、I was wondering ...と前置きするのも、唐突さを避けるための1つの方法である。I was wondering if you could lend me ...と言うべきだが、上の例のように、I was wondering ...で少しだけ間を置いてから、①Would you do me a favor?「お願いがあるんですが」やCould I use your laptop?「君のラップトップを使わせてもらえますか？」などと言葉を続ける。**I was wondering ...は日本語の「うーん、あのー」に相当する。**

And if it isn't asking too much ...

▶ ask too much ―「厚かましいお願いをする」

日本語の「厚かましいお願いかもしれませんが」に当たる言い回しが英語にもある。ask too muchである。例えば、何か頼み事をした後で、Am I asking too much? Just tell me if I am.と言えば、「もし厚かましいようなら、そう言ってください」の意味になる。例文のように**itを主語にし、それに加えて否定形を用いると、より遠回しで丁寧な言い方になる。**

また、Can I、Could I ...ではなく、Would it be possible to ...を使うと話がより間接的になり、こちらの気遣いが相手に伝わる。遠回しな言い方ばかりしていると、相手にCome to the point.「ハッキリ言ってくれ」、What do you want?「何が欲しいの？」と言われてしまう。状況に応じて頼み方を工夫する必要があるのは言うまでもない。

超 コメント

① wouldとcouldについて一言。mindを使う場合、Would you mind ...?とは言っても、*Could you mind ...?とは言わない。couldの意味は「できる、可能である」。*Could you mind closing door?「～を気にすることができますか（可能ですか）？」では意味が通らない。

「*」印 ⇒ 正しくない英文（間違った言い回し）

Step 4 ● バーチャル・エクササイズ ダイアログ／ロールプレイ

▶まずはダイアログ（会話）の流れを確認。

デートをするためにお金が必要だが、持ち合わせがない。できれば車も使いたい。ここは頭を下げて友達に頼んでみる。

みなさんのパートはA！

▶では、ロールプレイをしてみよう。
⇒シグナル音の後に続けて、Listen ... で会話をスタートする。

A : Listen, I was wondering, uh ...

B : Yeah?

A : Could you lend me a few dollars for this weekend?

B : ①How much is "a few?"

A : Just a hundred dollars or so.

B : That's more than a few ... well ... I guess so.

A : And if it isn't asking too much ...

B : ②What now?

A : Would it be possible to use your car for a few hours?

B : What else do you want, my dog and my house, too?

▶和訳は 179 ページ

① 相手が言った a few dollars に対し、How much is "a few?"
「（君の言う）少しって、いくらくらい？」と聞き返している。
② What now? は、What do you want now? の意味になる。

Step 5 ● チェック

次の日本語を英語で言ってみよう。

1 あの一、君の携帯電話を使わせてもらえますか？
2 ステレオのボリューム下げてもらえますか？
3 アドバイスをしていただくことは可能でしょうか？
4 厚かましいお願いかもしれませんが、こちらに泊めていただきたいのですが。

解答

1 I was wondering ... Could I use your cellphone?
2 Would you mind turning down the stereo?（turn down「音量を下げる」）
3 Would it be possible to ask for your advice?
4 If it isn't asking too much, I'd like to stay here overnight.

UNIT 40 「発想の転換」と「動詞の使い方」で表現力アップ

Step 1 ● ウォームアップ 今ある実力をチェック

イラストと場面説明から状況をイメージ。
▶ヒントを参考にして「　」内の日本語を英語で言ってみる。

モノローグの場面　朝から晩まで座りっぱなしで、黙々と仕事をする。これではストレスがたまって、愚痴の一つも言いたくなる。

●
「このイスに座ってると姿勢が悪くなるよ」
●
「それに仕事がやたら多くて」
●
「ストレスたまるよな」

This office chair、My work、It を主語にして文を考える。
動詞はそれぞれ give、demand、stress を使う。

Step 2 ● レッツ・プラクティス

まず、音声を聞いて、各文の主語がどのように使われているのかを確認する。
次に、英文の意味を理解した上で、アドバイスを参考に音読してみよう。

This office chair gives me bad posture.
このイスに座ってると姿勢が悪くなるよ。

My back is killing me.
背中はひどく痛むし。

And **my work demands** a lot of me.
それに仕事がやたら多くて。

So **it stresses** me out.
ストレスたまるよな。

But **the good pay keeps** me sitting right here.
でも給料がいいから
ここに座ってられるんだ。

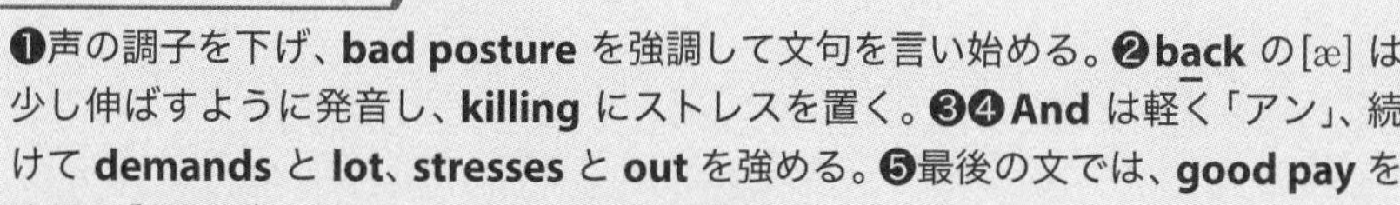

音読アドバイス

❶声の調子を下げ、**bad posture** を強調して文句を言い始める。❷**back** の[æ] は少し伸ばすように発音し、**killing** にストレスを置く。❸❹**And** は軽く「アン」、続けて **demands** と **lot**、**stresses** と **out** を強める。❺最後の文では、**good pay** を強調し「給料がいいから…」という感じを表現する。

注 kill「ひどい痛みを与える」、demand「必要とする」、stress ... out「…をいらいらさせる」。right「まさに」は here を強調している。

無生物主語を使って表現の幅を広げましょう

Step 3 ● 英文法キーポイント

どの言葉で話し始めるかによって、表現の仕方が変わる。英語の特徴の1つでもある①**無生物主語の使い方を音読用の英文を使って具体的に説明しよう。**

This office chair gives me bad posture.

「この椅子に座ってると姿勢が悪くなるよ」。これを英訳すると、Iで始めて、If I keep sitting on this chair, my posture will be bad. しかし、**英語ではThe office chairのような無生物主語をよく使う**。文字通りの意味は「この椅子は僕に悪い姿勢を与える」。この種の言い回しが英語表現の特徴の1つと言える。

My back is killing me.

「背中がひどく痛む」。I have a terrible backache.とも言えるが、My back is killing me.と**My backを主語にすると、背中がどうしたのかがより強調される**。

And my work demands a lot of me.

「仕事がやたら多くて」。Iを主語にして、I have a job that requires a lot of my time and energy.とも言えるが、**my workとdemand「必要とする」を使って表現する。いかにも英語らしい**。

So it stresses me out.

「ストレスがたまる」はI feel a lot of stress.、The stress builds up.(これは日本語にかなり近い言い回し)。この場合も、**Itを主語にして、stress ... outを使う**。また、**giveを続けてIt gives me a lot of stress.とも言える**。

But the good pay keeps me sitting right here.

「給料がいいからここに座ってられるんだ」。まず思いつくのが、I'm sitting here because the pay is good.(筆者の場合)。これをThe good payで始めると動詞keepが登場する。無生物主語を使うポイントは……、「発想の転換」と「動詞の使い方」。

超 コメント

① 無生物主語と共によく使われる動詞をいくつか挙げておこう。help、make、take、bring、lead、remind、causeなど。

例 These glasses help me see.「この眼鏡のおかげでよく見える」
Cigarettes don't make you look cool.「煙草を吸ってもかっこよく見えないよ」

Step 4 ● バーチャル・エクササイズ ダイアログ／ロールプレイ

▶まずはダイアログ（会話）の流れを確認。

ダイアログの場面

座りっぱなしで仕事をしていれば、腰も痛くなるし、ストレスもたまる。同僚と「給料がいいのが唯一の救い」とお互いを慰め合う。

みなさんのパートはA！

▶では、ロールプレイをしてみよう。
⇒シグナル音の後に続けて、This office chair ...で会話をスタートする。

A : This office chair gives me bad posture.

B : ①It looks a little uncomfortable.

A : My back is killing me.

B : ②Mine does too, sometimes.

A : And my work demands a lot of me.

B : That's true.

A : So it stresses me out.

B : I know what you mean.

A : But the good pay keeps me sitting right here.

B : ③Same here.

▶和訳は179ページ

① It looks ... で「…のようだ（…に見える）」の意。
② Mine は my back。
③ Same here の意味は「自分も同じである」。

Step 5 ● チェック

次の日本語を英語で言ってみよう。

1 糖分を取り過ぎると太るよ。
2 少しコーヒーを飲めば体が温まるよ。
3 この道をまっすぐ行けばビーチに出られます。
4 このアルバムを見ると、学生時代を思い出す。

解答

1 Too much sugar will make you fat.
2 Some hot coffee will warm you up.
3 This road takes you straight to the beach.
4 This album reminds me of my school days.

step 4 ● バーチャル・エクササイズ

ロールプレイ用ダイアログ和訳

以下は、STEP 4のダイアログの和訳。
英文の意味をよく理解してから、音読にとりかかろう。

UNIT 1

A：下りてらっしゃい。
B：今行くから。
A：朝食を早く食べなさい。
B：うん。食べてるよ。
A：もうそろそろ行く時間よ。
B：わかってるよ。
A：お弁当、持って行ってね。
B：ありがとう、お母さん。
A：忘れずに家に持って帰って来るのよ。
B：心配しないで。

UNIT 2

A：気分が悪い。
B：どうしたの？
A：節々が痛むんだ。
B：痛むの？
A：それにめまいがする。
B：熱があるわよ。
A：汗は出るし、体は熱いし。
B：アスピリンを持って来るわ。
A：どっちに先に電話しようか、上司、それとも医者？
B：あなたは上司にかけて、私は医者にかけるわ。

UNIT 3

A：すみません。
B：何でしょう？
A：郵送用の箱ってありますか？
B：無地の箱、色付きの箱などがございますが。
A：色は何色でもかまいません。
B：ここにある箱が超お買い得ですよ。
A：小さい、無地の箱が5つあればいいです。
B：ガムテープもいかがですか？
A：あっ、そうだ。ガムテープ。あると役に立ちますよね。
B：では、こちらへどうぞ。

UNIT 4

A：梅雨の季節ね。
B：そうね。空を見てごらんなさいよ。
A：曇ってきたわ。
B：そうね。
A：ちょっと前は晴れてたのに。
B：もう晴れてないわよ。
A：今度は雨がパラパラ降り出してる。
B：あら、いやだ。
A：こういう天気って嫌よね。
B：雨が降るのか、晴れるのかどっちなのかしら？

UNIT 5

A：のどが痛い。
B：よくないわね。
A：それに声が変だし。
B：そうね。
A：風邪引いたかな。
B：そうみたいね。
A：今日は家にいた方がいいみたいだ。
B：ゆっくり休んで、ちゃんとした物食べて、熱い紅茶を飲むといいわ。
A：そうしよう。
B：でも自分で作ってね。私出かけるから。

UNIT 6

A：今夜パーティーがあるんだ。
B：えっ、そうなの？
A：すごく楽しみだな。
B：誰が来るのかな？
A：メアリーと彼女の友達が来るよ。
B：あの娘たち面白いからね。
A：みんなに来るように言ってるんだけど。
B：僕は？
A：君も来る？
B：メアリーが来るんなら、行くよ。

UNIT 7

A：僕の来年の計画知りたい？
B：ええ。
A：経営学修士号を取ろうと思ってね。
B：本当に？
A：僕の年齢では、大変だろうけど。
B：それは大変よね。
A：60歳で大学に行く人はあまりいないからね。
B：ほとんどいないわよ。
A：でも、やってみるよ。
B：それなら、私も応援するわ。

UNIT 8

A：こうなるってわかってたわ。
B：何が？
A：あのウエイター態度悪いもの。
B：そう思う？
A：彼にコショウいらないって言ったのに。
B：そう言ったの覚えてるわよ。
A：でも私のサラダ、コショウだらけ。
B：本当？
A：聞いてないと思ったわ。
B：私もそう思う。

UNIT 9

A：髪どうしちゃったの？
B：切ったの。見ればわかるでしょ。
A：短い髪のあなたは見たことないから。
B：あなたも試してみたら？　夏涼しいわよ。
A：軍隊に入隊しましたって感じ。
B：かっこいいと思うけど。それに洗うの簡単だし。
A：変わったわよね！大胆よねやることが。
B：誰がそう言ってるの？
A：いつも長い髪だったから。
B：もう違うわ。

UNIT 10

A：よう、ジャック。どうしてた？
B：久しぶりじゃないか、おい。
A：最後に会ってからどれくらい経つかな？
B：そうだな……20年かな。
A：来年で20年か。
B：信じらんないな。時が経つの早いよな。
A：この20年、何してたんだい？
B：上司、カミさんそれに子供と言い合ってばかりいるよ。相変わらずだよ。
A：お前、昔のままだな。
B：そうなんだよ。それが問題なんだよ。

UNIT 11

A：みんなどこにいるんだ？
B：知らないよ。
A：ここに来るように言われたんだけど。
B：そうだよな。
A：2時に会議だったよね。
B：うん。どうなってんだ？
A：ドアにメモが貼ってある。
B：何て書いてある？
A：そうか。なくなったんだ。
B：よかったじゃない。じゃあ行こう。

UNIT 12

A：何があったか知ってる？
B：ううん。でも、鼻に小さな絆創膏みたいのがついてるけど。
A：すごいスピードで走ってきた自転車にぶつけられてさ！
B：えーっ。
A：転んで鼻を折っちゃって。
B：ひどい話だ。
A：自転車に乗ってた奴は、ひざをすりむいただけだけど。
B：不公平な感じだよな。
A：僕は医者に行って、鼻を治してもらったんだよ。
B：前よりかっこよくなったみたいだよ。

UNIT 13

A：あーっ、夕食のことを忘れてた。
B：でも、お腹すいたわ。
A：今夜は僕が作る番だったんだよね？
B：そうよ。
A：頼むから料理作れって言わないでくれよ。
B：でも、私作らないわよ。
A：ピザ屋に電話かけてもいいよね。
B：それもいいわね。
A：大きいピザ持って来てもらおうかな。
B：そうね、でも、あなたが払ってね。

UNIT 14

A：家に帰る途中で食料品を買ってこうかな。
B：買って行けばいいじゃない。

A：きっと家内も同じこと考えてるだろうな。
B：家庭第一主義なのね。
A：彼女も買い物に行くかもしれないし。
B：それじゃ無駄な買い物になるかもね。
A：電話をした方がいいな。
B：いい考えね。
A：そうすれば時間とお金を無駄にしないですむから。
B：奥さんの携帯にメッセージ送ったら？

UNIT 15

A：やることが山ほどある。
B：後回しにしたら？
A：どうしても今週中に終わらせなくちゃ。
B：そんなに頑張らなくてもいいのに。
A：それなりの理由があるんだけど。
B：何よ理由って？
A：来週、ビッグな旅行に出かけるんだ。
B：本当？　どこへ？
A：スキューバダイビングを習いにフィジーに行くことになってるんでね。
B：うらやましいわね。じゃ、仕事に戻ったら？

UNIT 16

A：あー、長い一日だったわ。
B：そうだね。夕食は何かな？
A：疲れちゃって、今夜は料理作れないわ。
B：うーん、僕は料理できないし。
A：でも、子供達はお腹空いてるでしょうし。
B：どうしようか？
A：外に食べに連れて行きましょう。
B：そうだね。いいね。
A：時には外食するのも楽しいわよね。
B：そうさ。何カ月も外食してないんだから。

UNIT 17

A：手品のトリックすごかったわね！
B：本当みたいだったものね。
A：女の人消しちゃうんだから。
B：どうやって消したのかしら。
A：いいマジックショーを見るのって楽しいわね。
B：そうね。
A：百聞は一見にしかずって言うけど。
B：みんなそう言うけど。
A：でも、手品のトリックの場合は、見ると騙されちゃうのよね。
B：そういう言い方もあるわね。

UNIT 18

A：なんて退屈な映画なの！
B：退屈な映画ですって？
A：みんな興奮する映画だって言ってたけど。
B：そうよ。
A：全然ハラハラドキドキしなかったわ。
B：あなたって信じられないわね。
A：ただ退屈しただけよ。
B：どうしてそんなことが言えるの？
A：アクション映画はどれも一緒よ。
B：全部がそうとは限らないわよ。

UNIT 19

A：ラジオを聞きながら何してるんだい？
B：宿題だけど。
A：勉強してるはずだろ。
B：やってるよ。
A：ただロックを楽しんでるようにしか見えないけど。
B：お父さん、僕いつもラジオをつけて勉強するんだよ。
A：そんなに大きな音で聞いてて考えられるわけないだろ？
B：ロック聞いてると精神を集中できるんだよ。
A：静かに座って、勉強すればいいのに。
B：一度やってみたけど。退屈しちゃって。

UNIT 20

A：いらっしゃいませ。
B：えーと、チーズバーガーにフライドポテトのスモール。
A：チーズバーガーに小さいポテト。
B：それにラージコーク。
A：ラージコークですね。
B：そして彼は、ランチスペシャル。
A：以上でございますか？
B：それだけです。
A：かしこまりました。こちらで召し上がりますか、それともお持ち帰りですか？
B：持ち帰りにします。

UNIT 21

A：ここから東京駅まではどう行くんですか？
B：東京駅に行くには、まず、新宿に出る必要があります。
A：新宿ですか？
B：ここからなら、丸の内線に乗って新宿に行って下さい。
A：丸の内で新宿。わかりました。
B：それから中央線に乗り換えます。
A：中央、ですね。
B：オレンジ色の電車です。
A：あー、見たことがあります。
B：8番線の電車です。東京は4つ目の駅ですから。

UNIT 22

A：すみません。このあたりに地下鉄の駅はありますか？
B：ありますよ。この道をずっと行って。
A：この道ですね。
B：それで最初の信号を左。
A：左、ですね。
B：マクドナルドが見えますから。
A：そこを曲がるんですか、それともまっすぐ行くのかな？
B：そこで右です。
A：マクドナルドで右ですね。
B：左側に地下鉄の駅がありますよ。
A：どうも。

UNIT 23

A：火曜日の午後に会わなくちゃね。
B：そうだね。
A：2時までに僕のオフィスに来られるかな？
B：ごめん。2時はだめだな。
A：もし無理なら、いつもの喫茶店に5時っていうのはどう？
B：それなら大丈夫だと思うよ。
A：いや、ちょっと待てよ。夕方の早い時間帯は忙しいんだ。
B：夜にしようか。
A：僕の家に9時にしよう。
B：いいよ。

UNIT 24

A：わー、素敵なお住まいですね！
B：ありがとう。
A：それにきれいな芝生！
B：昨日刈り込んだばかりなの。
A：私もこういう家に住みたいなってずっと思ってたんです。
B：私にとっても夢のマイホームなの。
A：でもきれいにしてなくちゃいけないから。
B：そうね。
A：大変でしょうね！
B：やることがたくさんあるから大変。

UNIT 25

A：スパゲッティ作るわ。
B：そう、ありがとう。
A：ニンニク使ってもいい？
B：もちろん。好きだよ。
A：体にいいし。
B：よく食べるよ。
A：でも、息が臭くなるかしら。
B：ニンニクの臭いなんて気にならないよ。
A：お互いに臭くなるからいいわね。
B：2人ともわからないということかな。

UNIT 26

A：ビーチに行くってのはどう？
B：ここでテレビを見てる方がいいよ。
A：こんなにいい天気なのに、なんでテレビ見るの？
B：大切なサッカーの試合を見てるんだ。
A：テレビでスポーツ見るんじゃなくて、自分で体を動かせばいいのに。
B：すごい試合なんだって。
A：どっちが勝ってる？　応援してる方？
B：そう。レッドデビルズさ。
A：その試合録画して、夜見たら？
B：実況中継で見なくちゃね。

UNIT 27

A：もっとやさしくしてくれてもいいのに。
B：やさしくない？
A：私が「いい」って言う時は、いつでも「よくない」って言うし。
B：そうかしら。
A：私が誰とデートしたって、「彼はだめ」って思ってるでしょ。
B：だったら、もっと素敵な人とデートすればいいのよ。
A：私はあなたに文句を言わないのに。
B：あなたってとっても大らかよね。
A：でも、あなたは私の言ったりしたりすることには何でも反対するんだから。
B：とんでもない！反対なんかしないわ。

UNIT 28

A：ビルはここでは一番忙しくしてるよね。

B：彼、仕事中毒だよ。
A：僕より早く会社に来てるし。
B：でも、君はとても遠くに住んでるから。
A：帰るのも遅いしね。
B：それはそうだね。
A：だから、働いてる時間は一番長い。
B：みんなが知っているよね。
A：でも、全然仕事片づいていないんだよね！
B：君も気づいてたの？

UNIT 29

A：僕も濃いコーヒー入れる方だけど。
B：そう？
A：でも君ほどじゃないね。
B：濃いの好きだから。
A：これ今までに味わった中で一番濃いコーヒーだね。
B：ほら。もう少しどう。
A：君はたくさんコーヒーを飲むしね。
B：そう思う？
A：君のカップ、僕の倍はあるよ。
B：そんなに大きくないでしょ。

UNIT 30

A：（子供が）エアジョーダンが欲しいって言っていたのですが。
B：エアジョーダンですね。
A：だけど見つけられるかな。
B：すぐそこのバスケットボールのコーナーにありますよ。
A：代わりにここにあるのを買ったら、喜ぶでしょうかね。
B：喜ばないでしょうね。それは普通のスニーカーですから。
A：あっ、ここにエアージョーダンがある。でも、値札を見て下さい。
B：きっと気に入りますよ。
A：買えそうもないな。
B：こちらは最高級のシューズですから。

UNIT 31

A：昨日の夜は、ビルしゃべり過ぎだよな。
B：聞こえたよ。
A：飲めば飲むほど、おしゃべりになって。
B：いつもは口数少ないんだけど。
A：それだけじゃないんだよ。とんでもないことも言っちゃったんだよ。
B：そうなの？全部は聞こえなかったけど。
A：あんまり失礼なんで、みんな怒ったのなんのって。
B：そんなにかよ、へーっ。
A：僕の知ってる限り、あんなこと初めてだよな。
B：ストレスがたまってたんだろうな。

UNIT 32

A：これ、いつも持ち歩いてる写真なんだ。
B：何が写ってるの？
A：昔住んでた家の写真さ。
B：大きな家ね。
A：僕も写ってるんだよ。
B：どれがあなたなの？
A：左にいる小さい男の子が僕。
B：もう1人の男の子は？
A：帽子をかぶってるのが僕の兄さんだよ。
B：よく似てるわね。

UNIT 33

A：新しい電話（スマホ）、問題ない？
B：ちょっとだけね。古いのよりボタンが少ないから。
A：このボタンを押すとスイッチが入って。
B：ああ、そうだね。… スイッチが入った。
A：これが音量ボタンで、えーと、うーん、音を大きくしたり、小さくしたり。
B：了解。じゃあ、メールをチェックするには？
A：このアイコンをタップしてみて。どうなるか。
B：おー！何か起きてる。
A：それでプログラムが起動して、メールがチェックできるの。
B：なるほど。デスクトップのメールのアイコンと似てるね。

UNIT 34

A：何てさわやかな天気なの！
B：本当にいい天気。
A：桜の花が咲く季節ね。
B：うん。春よね。
A：桜を見るにはいい時期よね。
B：桜の花ってとっても可愛らしいわね。
A：春には夕方になるといつもこの辺りを散歩するの。
B：墓地の中を散歩するの？
A：墓地だけど、ちょっとした公園でもあるのよ。

B：私ならここを1人で歩くのは怖いわ。

UNIT 35

A：結婚した日のこと覚えてる？
B：覚えてるよ。写真見せてよ。
A：あの日、叔父さんがこの写真撮ってくれたのよね。
B：どこで撮ったのかな？
A：ホテルのパーティーの時に撮ったんだわ。
B：なんか変だね。
A：酔っぱらってたから。写真が斜めに写ってるのよ。
B：そうか。
A：パーティーで写真撮る時はいつもそうだったから。
B：でも、その写真ちょっと面白く写ってるじゃない。

UNIT 36

A：もっと頭がよかったらなあ……
B：ちょっと、何よ。
A：お金持ちの家に生まれてたなら……
B：なぜ？
A：人生もっとうまくいくのに……
B：本当にそう思うの？
A：それに、美人で……
B：ほかに何が望み？
A：「たら、れば」か……できれば言いたくないけど。
B：私たちみんなそう思ってるわよ。

UNIT 37

A：仕事が嫌で嫌で。辞めようと思うの。
B：私があなたならそうはしない。
A：でももっといい仕事が見つかるかもしれないし。
B：私なら仕事を続けるわ。
A：きつ過ぎるのよ。辞めたいの。
B：辞めても、どうにもならないわよ。
A：どうしてわかるのよ？
B：私にはわかるわ、一度辞めたから。
A：辞めた後大変だった？
B：仕事見つけるの、大変なんてもんじゃなかったわよ。

UNIT 38

A：ふーっ、危なかった。
B：本当だよ。
A：動きがとろかったら、ぶつかってたよ。
B：運転手、酔ってたのかもな。
A：あいつがもっと注意すべきだったんだよ。
B：そりゃそうだよ。
A：こんなに暗くなければ、この道もっと安全なんだけど。
B：まあね。
A：見通しがよくないからな。
B：気をつけなきゃね。

UNIT 39

A：あのー、うーん、あー。
B：何？
A：今週末に必要なので少しお金を貸していただけますか？
B：少しって、いくらくらい？
A：100ドルほど。
B：少しどころじゃないな。そうーね、いいけど。
A：それに、厚かましいお願いかもしれませんが……
B：今度は何？
A：君の車を数時間使えるでしょうか？
B：その他には何が必要なんだい、僕の犬に家もかい？

UNIT 40

A：このイスに座ってると姿勢が悪くなるよ。
B：ちょっと座り心地が悪そうだもんな。
A：背中はひどく痛むし。
B：僕も時々痛くなることがあるよ。
A：それに仕事がやたら多くて。
B：大変だよな。
A：ストレスたまるよな。
B：わかるよ。
A：でも給料がいいからここに座ってられるんだ。
B：僕も一緒だよ。

著者紹介

岩村圭南（いわむら　けいなん）

上智大学卒業後、ミシガン大学大学院留学、修士課程 終了（M.A.）。英語教授法専攻。上智短期大学（現上智大学短期大学部）助教授を経て、コンテンツ・クリエイターとして独立。NHKラジオ第2放送で「英会話レッツスピーク」、「徹底トレーニング英会話」、「英語5分間トレーニング」の講師を10年間にわたり担当する。音読を基本にした《英語の筋トレ指導》には定評がある。『英語をめぐる冒険』（NHK出版）、『20日間完成 オーバーラッピングで音読する 絶対話せる! 英文法』（サンマーク出版）、『英語発信ジェネレーター』（研究社）、『面白イラスト英会話トレーニング』（マイナビ出版）、『英語は書いて身につける』（アルク）など、著書多数。

ウェブサイト『日刊 英語の筋トレ』https://book. mynavi.jp/english/

音読で英文法をモノにする本

発行日：2021 年2 月25 日（初版）
著者：岩村圭南

編集：　アルク出版編集部
編集協力：高津由紀子
英文作成：Braven Smillie
英文校正：Cathleen Fishman / Jim Castleberry / Carol Baba / Peter Branscombe / Owen Schaefer / Joel Weinberg / Margalet Stalker
カバーデザイン：早坂美香（SHURIKEM Graphic）
本文デザイン：園辺智代
イラスト：バンチハル／ iMiki（p3、Step3似顔絵）

ナレーター：Gregory Dale / Julia Yermakov / Eric Kelso / Lisle Wilkerson / Elli Harrington / Josh Keller / Kelly Haavaldsrud
SE：Michael Rhys
録音・編集：株式会社メディアスタイリスト
DTP：朝日メディアインターナショナル株式会社
印刷・製本：日経印刷株式会社

発行者：天野智之
発行所：株式会社アルク
〒102-0073　東京都千代田区九段北　4-2-6市ヶ谷ビル
Website：https://www.alc.co.jp/

落丁本、乱丁本は弊社にてお取り替えいたしております。
Webお問い合わせフォームにてご連絡ください。
https://www.alc.co.jp/inquiry/

・定価はカバーに表示してあります。
・製品サポート：https://www.alc.co.jp/usersupport/

PC: 7021017　ISBN978-4-7574-3670-1

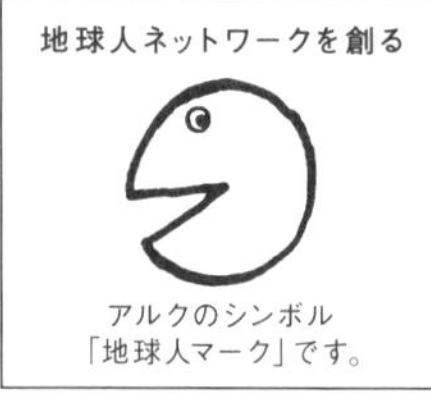